MEDICARE VIRTUAL:

Los 10 costosos errores que usted no puede permitirse cometer.

AL KUSHNER

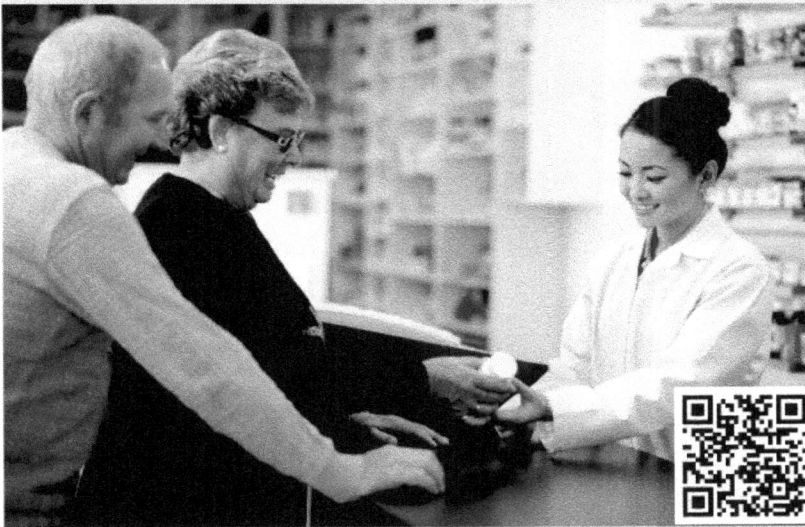

Ahorre hasta un 90% en sus prescripciones

Tarjeta gratuita para medicamentos

https://BookHip.com/NLMCCMT

Reconocimientos

¡El libro toma un proceso altamente complejo y desconcertante haciéndolo comprensible! Tiene un montón de detalles, así que sugiero digerirlo en partes. Me hizo sentir mucho mejor preparado para tomar decisiones en el futuro próximo. No es una lectura emocionante, pero oye, se trata de Medicare. Altamente recomendado.

-Jeremy W.

Todavía no estoy en el punto de inscribirme en Medicare, pero tampoco estoy muy lejos. ¡Me alegro de haber encontrado este libro! Como médico, hablé con muchos pacientes que tenían que pagar por servicios que pensaban que estarían cubiertos y me preguntaba por qué habían llegado a esa situación. Al leer este libro, entendí mejor los puntos importantes a considerar para completar el proceso inscripción correctamente. Se necesita mucho trabajo. El autor explica los errores que no se deben cometer al solicitar los beneficios de Medicare en línea. Una vez que obtenga estos, el resto debería ser más fácil de entender. Creo que este enfoque de enseñar los errores comunes es mucho más útil que explicar todo lo que hay que saber sobre la inscripción en Medicare. Felicitaciones al autor por reunir información tan útil.

-Carol T.

Estaba abrumado cuando comencé a recibir toneladas de correo postal y un montón de correos electrónicos sobre Medicare. ¡Cumpliré 65 este año y me estaba ahogando en información! Este libro está lleno de información ÚTIL y provee algunas herramientas gratuitas en línea. ¡Compré varios libros! siendo éste el más valioso y práctico que leí. Este libro le guiará a través del proceso paso a paso. Lo recomiendo altamente.

- Chris E.

El mejor libro de Medicare que he encontrado. ¡¡Y he investigado mucho!! Ojalá lo hubiera conseguido antes. Todas las personas que se acercan a los 65 años deben obtener esto. Advierte de varias multas costosas si no cumple con los plazos descritos en el libro. ¡¡¡Impresionante libro!!!'

-Beth R.

La mayoría de mis amigos mayores me han dicho que saber cómo elegir su plan es complicado, y me ha preocupado averiguarlo. Este libro proporcionó respuestas directas a mis preguntas en un formato claro y conciso. Todo el mundo tiene necesidades diferentes, y el plan adecuado no es el mismo para todos. Además, me enteré de las sanciones por inscripción tardía con este libro. Gracias por una explicación fácil de leer y fácil de seguir.

- Tanesha W.

Medicare es un tema muy complejo. Este libro lo simplifica y es un buen punto de partida para hacerlo más comprensible. Probablemente no sea una buena idea leerlo de cabo a rabo porque hay demasiada información, esa es la naturaleza de Medicare. Es mejor recogerlo, dejarlo y absorber la información poco a poco.

– Benny A.

El libro fue beneficioso y está escrito con ejemplos fáciles de entender. Como alguien que es muy detallista y preocupado por comprender el tema, este libro me benefició mucho al decidir qué plan usar cuando necesitaba solicitar Medicare por primera vez. El pequeño precio de compra se habrá pagado varias veces debido a los consejos que leí y usé en mi decisión.

-Clarissa M.

Tabla de Contenidos

INTRODUCCIÓN

A medida que la tecnología continúa avanzando, más y más personas mayores optan por inscribirse en Medicare a través de medios virtuales. Es fácil ver por qué: es conveniente, accesible y se puede hacer desde la comodidad de su hogar. Sin embargo, esta conveniencia viene con su propio conjunto de desafíos. En este libro, profundizaremos en " Medicare virtual: los 10 costosos errores que usted no puede permitirse cometer". Descubriremos cómo las personas mayores a menudo cometen errores y brindaremos tanto consejos como trucos para evitarlos.

Muchas personas mayores que son nuevas en el uso de la tecnología o incluso aquellas que están acostumbrados a las plataformas virtuales podrían no estar familiarizados con el funcionamiento de Medicare en línea. Desafortunadamente, esto puede conducir a errores costosos que pueden tener efectos duraderos en su salud y en sus finanzas.

Por ejemplo, es posible que muchas personas mayores no sepan que la inscripción en Medicare es un proceso urgente y que no cumplir con los plazos estipulados puede resultar en sanciones de por vida. Además, seleccionar la cobertura incorrecta o no entender cómo usar las herramientas virtuales para administrar su atención médica puede generar confusión y costos de bolsillo.

Este libro servirá como guía para ayudar a las personas mayores a comprender el mundo virtual de Medicare evitando así costosos errores. Comenzaremos explorando qué es Medicare, los diferentes tipos de cobertura y cómo inscribirse en línea. A partir de ahí, nos sumergiremos en los

10 costosos errores virtuales de Medicare y brindaremos pasos prácticos para evitarlos.

Nuestro objetivo es empoderar a las personas mayores con el conocimiento y las herramientas que necesitan para tomar decisiones informadas sobre su atención médica. Con esta guía, tendrá la información que necesita tanto para evitar costosos errores como para asegurarse de recibir la mejor atención posible a un precio asequible.

Entonces, comencemos y exploremos Medicare virtual: los 10 costosos errores que usted no puede permitirse cometer.

CAPÍTULO 1:

No saber qué servicios de telemedicina están cubiertos por Medicare

Telesalud y Medicare son dos tendencias que están revolucionando la industria de la salud. La pandemia de COVID-19 impulsó la necesidad de atención médica virtual, por ende, Medicare ha estado trabajando para adaptar sus políticas para facilitar los servicios de telesalud y, aunque todavía hay algunos desafíos por superar, hay muchos beneficios al usar telesalud y Medicare en conjunto.

Una de las mejores ventajas de la telesalud y Medicare es el acceso. Con la telesalud, los pacientes pueden recibir consultas médicas desde la comodidad de sus hogares. Esto puede ser especialmente beneficioso para aquellos que viven en zonas rurales, quienes tienen problemas de movilidad o los que tienen dificultad para trasladarse hacia los proveedores de atención médica. Al brindar acceso a estos pacientes, la telesalud puede ayudar a cerrar la brecha entre las personas y sus proveedores de servicios médicos.

Otro beneficio importante de la telesalud y Medicare es el ahorro de dinero. Las visitas virtuales suelen ser más baratas que las visitas en persona, lo que puede ayudar a reducir los costos de atención médica para los pacientes. Además, la telesalud puede ayudar a reducir el valor de la atención de Medicare reduciendo tanto la necesidad de visitas en persona como el riesgo de reingresos hospitalarios.

La calidad de la atención también mejora con la telesalud y Medicare. Con las visitas virtuales, los pacientes pueden recibir una atención más oportuna y eficiente, así como un acceso más conveniente a los servicios de salud. Esto puede ayudar a mejorar los resultados generales de salud, reducir el riesgo de reingresos hospitalarios y mejorar la experiencia del paciente.

Telesalud y Medicare pueden ayudar a reducir el riesgo de infecciones relacionadas con la atención médica. Al permitir que los pacientes reciban atención desde el hogar, la telesalud reduce la necesidad de visitas en persona reduciendo así el riesgo de propagación de enfermedades. Esto es útil para mantener más seguros a los pacientes y a los proveedores además de que puede ayudar a frenar la propagación de infecciones en la comunidad. Telesalud y Medicare son dos tendencias que están cambiando la forma en que las personas acceden y reciben cuidado de la salud. Al brindar acceso a la atención, reducir los costos, mejorar la calidad de la atención y reducir el riesgo de infecciones asociadas a la atención médica, la telesalud y Medicare están trabajando juntos para crear una mejor experiencia de atención médica para pacientes y proveedores por igual.

El impacto de la telesalud en la medicina moderna

La telemedicina se ha vuelto cada vez más popular en los últimos años y Medicare ha estado trabajando para adaptar sus políticas y mantenerse al día con el panorama cambiante de la atención médica. A pesar de los desafíos que vienen con la telemedicina, también hay muchos beneficios que la hacen una atractiva opción para pacientes y proveedores por igual.

Uno de los mayores beneficios de la telemedicina es la accesibilidad. La telemedicina hace los servicios de atención en salud más accesibles para los pacientes, independientemente de dónde vivan o cuál sea su movilidad.

Esto puede ser especialmente beneficioso para aquellos que viven en áreas rurales, donde el acceso a la atención médica los servicios son limitados. Con la telemedicina, los pacientes pueden recibir atención desde la comodidad de sus propios hogares, lo que puede ayudar a reducir la carga del transporte y los viajes.

Otro beneficio de la telemedicina es el ahorro de costos. Al eliminar la necesidad de visitas en persona, la telemedicina puede ayudar a reducir el costo de la atención médica para pacientes y proveedores. Los pacientes ahorran dinero en transporte y costos de viaje, y los proveedores ahorran en el costo de mantener una oficina física. Además, la telemedicina puede ayudar a reducir el costo total de la atención médica al mejorar los resultados de los pacientes y reduciendo la necesidad de visitas repetidas.

La telemedicina también proporciona un mayor nivel de conveniencia para los pacientes. Con visitas virtuales, ellos pueden programar citas en el momento que mejor les convenga, sin tener que tomar tiempo fuera del trabajo o la escuela. Además, la telemedicina elimina la necesidad de que los pacientes esperen en largas filas en el consultorio del médico, lo que puede ser un gran ahorro de tiempo.

Otro beneficio de la telemedicina es la mejora de la calidad de las consultas. Con la telemedicina, los pacientes pueden recibir atención de especialistas que no necesariamente se encuentran en su área. Esto puede ayudar a mejorar la precisión de los diagnósticos y planes de tratamiento, facilitando lograr mejores resultados para los pacientes.

La telemedicina también permite a los proveedores usar tecnología para monitorear a los pacientes de forma remota, lo que puede ayudar a detectar posibles problemas de salud desde el principio.

En conclusión, la telemedicina tiene muchos beneficios que la convierten en una opción atractiva tanto para pacientes como proveedores por igual. Con mayor accesibilidad, ahorro de costos, conveniencia y mejor calidad de atención médica, la telemedicina está preparada para desempeñar un papel importante en el futuro de los cuidados médicos. Actualmente Medicare continúa adaptando sus políticas para apoyar la telemedicina logrando que los pacientes estén más posicionados que nunca para aprovechar los beneficios de la atención médica virtual.

Saber si su plan incluye servicios de telesalud

Con la creciente popularidad de la telemedicina, es importante que los beneficiarios de Medicare sepan cómo verificar su plan para la cobertura de telesalud. El proceso de verificar su plan de Medicare para la telemedicina puede parecer confuso al principio, pero con un poco de investigación y preparación, usted puede obtener la mejor cobertura de telesalud posible.

Primero, usted debe determinar qué tipo de cobertura de Medicare tiene. Si tiene Medicare Original, deberá averiguar si tiene un plan suplementario de Medicare, también conocido como Plan Medigap. Si cuenta con un plan Medicare Advantage, deberá averiguar si la telemedicina está incluida en su plan. Usted puede encontrar esta información consultando los documentos de su plan o poniéndose en contacto con su plan Medicare Advantage.

Una vez que haya determinado qué tipo de cobertura de Medicare tiene, necesita investigar los beneficios de telemedicina ofrecidos por su plan. Puede hacerlo consultando el sitio web, llamando al centro de servicio al cliente o revisando el Aviso Anual de Cambio de su plan (ANOC por sus siglas en ingles Annual Notice Of Change).

También es importante tener en cuenta sus necesidades de atención médica específicas al consultar su plan de Medicare para la cobertura de telemedicina. Es posible que algunos planes sólo cubran ciertos tipos de servicios de telemedicina, tales como visitas médicas virtuales o monitoreo remoto de pacientes. Otros planes pueden tener restricciones en el número de visitas de telemedicina que puede recibir cada año.

Finalmente, también puede comparar su plan de Medicare con otros planes en su área. Esto puede ayudarlo a determinar si su plan brinda una cobertura adecuada de telemedicina o si debe considerar cambiarse a un plan diferente que ofrezca mejores beneficios de telesalud.

En conclusión, verificar la cobertura de telemedicina de su plan de Medicare es un paso importante para asegurarse de que esté recibiendo los mejores servicios de telesalud posibles. Con un poco de investigación y preparación, puede encontrar un plan que proporcione los beneficios de telemedicina que necesite para permanecer sano y conectado con su proveedor de atención médica.

Aprovechando al máximo su consulta médica virtual

Obtener una visita virtual con su médico se está convirtiendo en una forma cada vez más popular de recibir servicios de salud y es más fácil de lo que piensa. Ya sea que usted es nuevo en la telemedicina o un profesional experimentado, hay algunos pasos que puede seguir para aprovechar al máximo su visita virtual con su doctor.

El primer paso para obtener una visita virtual con su médico es determinar si su médico ofrece servicios de telemedicina. No todos los médicos ofrecen visitas virtuales, por lo que es importante consultar con su médico para ver si brindan este tipo de atención. Si su doctor no ofrece servicios de telemedicina es posible que desee considerar encontrar un nuevo médico que lo haga.

Una vez que haya determinado que su médico ofrece servicios de telemedicina, asegúrese de que usted tenga la tecnología necesaria. La mayoría de las visitas virtuales se realizan a través de videoconferencias o teléfono, por lo que necesitará un dispositivo con cámara, micrófono y conexión a internet. Si no tiene acceso a una computadora o teléfono inteligente, puede considerar preguntarle a un amigo o miembro de la familia en busca de ayuda.

A continuación, debe programar su visita virtual con su médico. Puede hacerlo llamando a su consultorio, usando su portal en línea o usando una aplicación de telemedicina. Al programar su visita virtual, asegúrese de proporcionar a su médico cualquier información relevante, como su historial médico, antecedentes o cualquier medicamento que esté tomando.

Una vez que haya programado su visita virtual, debe prepararse para su cita. Asegúrese de contar de un espacio tranquilo y privado donde pueda realizar su visita virtual. Vístase apropiadamente para su cita, tal como lo haría para una consulta en persona. Si tiene alguna pregunta o inquietud, haga una lista para que pueda recordar lo que necesita consultar a su médico durante su visita virtual.

Durante su visita virtual, asegúrese de seguir las instrucciones de su médico. Es posible que le pida que muestre alguna área específica de su cuerpo o que requiera que realice ciertas pruebas o movimientos. Es importante escuchar a su médico y seguir sus instrucciones lo más fielmente posible.

Finalmente, después de completar su visita virtual, asegúrese de hacer un seguimiento con su médico si tiene alguna pregunta o inquietud. También puede programar una visita de seguimiento si su médico lo recomienda.

En conclusión, obtener una visita virtual con su médico es una forma simple y conveniente de recibir servicios de atención médica. Siguiendo estos pasos, podrá sacarle el máximo partido a su visita virtual y mantenerse conectado con su médico desde la comodidad de su hogar.

Garantizar atención de alta calidad en visitas virtuales

La telesalud y la telemedicina se han promocionado como el futuro de la atención médica, pero a pesar de la exageración, hay algunos problemas reales que deben abordarse. En este capítulo, profundizaremos en algunos de los principales problemas que enfrentan los pacientes, proveedores y organizaciones de atención médica con la telesalud y telemedicina.

Primero, hablemos del acceso. Si bien se supone que la telesalud y la telemedicina hacen que la atención médica más accesible para los pacientes, todavía hay muchos obstáculos para la entrada. por ejemplo, no todos tienen acceso a la tecnología necesaria para las visitas virtuales, como un teléfono inteligente, computadora o conexión a Internet. Incluso si un paciente tiene acceso a estas tecnologías, es posible que no se sienta cómodo al utilizarlos o tener los conocimientos técnicos para navegar las visitas virtuales. Esto puede crear barreras de entrada que impidan que los pacientes accedan a la atención que necesitan.

Otro tema es el reembolso. Si bien la telesalud y la telemedicina están ganando popularidad, muchos de los proveedores de seguros aún tardan en pagar las visitas virtuales. Esto significa que los pacientes pueden tener que pagar de su bolsillo los servicios de telesalud, lo que puede crear una carga financiera. Este problema es particularmente problemático para aquellos que no tienen seguro o tienen un seguro insuficiente.

La calidad de la atención es otro gran problema con la telesalud y la telemedicina. Si bien las visitas virtuales pueden ser convenientes, también pueden ser menos efectivos que las visitas en persona. Por ejemplo, una visita virtual puede no permitir que un proveedor realice un examen físico o diagnostique correctamente una condición. Hay también preocupaciones sobre la precisión de los diagnósticos virtuales, así como la privacidad y seguridad de información de salud confidencial que se transmite electrónicamente.

Un último problema que debemos abordar es la falta de regulación. La industria de telesalud y telemedicina aún está en sus inicios por lo que existen pocos protocolos y regulaciones estándar. Esto puede dar lugar a incoherencias en la calidad de la atención y a la falta de responsabilidad de los proveedores. Así mismo, también dificultan que los pacientes sepan qué esperar de una visita virtual y cuáles son sus derechos cuando se trata de servicios de telesalud.

En conclusión, mientras que la telesalud y la telemedicina tienen el potencial de revolucionar la atención médica, todavía hay algunos problemas importantes que deben abordarse. Estos problemas van desde acceso a la calidad de la atención, y deben abordarse para que la telesalud y la telemedicina puedan convertirse verdaderamente en el futuro de la atención médica. Al trabajar juntos los pacientes, los proveedores y las organizaciones del cuidado de la salud pueden ayudar a superar estos desafíos creando un sistema de telesalud y telemedicina que realmente beneficie a todos.

CAPÍTULO 2:

No revisar su cobertura anualmente

Uno de los problemas más comunes al revisar su plan de Medicare es no comprender su cobertura. Medicare es un programa complejo y puede ser difícil saber exactamente qué está cubierto y qué no. Para evitar esta situación es importante tomarse el tiempo para comprender lo que abarca su plan y lo que significa para usted.

El primer paso para entender su cobertura de Medicare es familiarizarse con las diferentes partes de éste. Medicare se compone de cuatro partes: Parte A (seguro hospitalario), Parte B (seguro médico), Parte C (planes Medicare

Advantage) y Parte D (cobertura de medicamentos recetados). Cada una de esas partes cubre diferentes servicios y tiene su propio conjunto de reglas y requisitos.

La Parte A cubre la atención hospitalaria para pacientes internados, atención de enfermería especializada y los cuidados en un hospicio. La Parte B cubre los servicios médicos necesarios y los servicios preventivos, como visitas al médico, pruebas de laboratorio y equipos médicos. La Parte C es un tipo de plan Medicare Advantage que cubre todos los servicios cubiertos por las Partes A y B y, a menudo, incluye beneficios adicionales como cobertura de medicamentos recetados y atención dental de rutina. La Parte D cubre medicamentos recetados y la ofrecen compañías de seguros privadas.

También es importante entender los servicios que no cubre Medicare. Por ejemplo, Medicare no cubre la atención a largo plazo, tampoco los cuidados dentales de rutina ni los exámenes de la vista para adquirir anteojos.

Otro factor importante a considerar es su deducible, coaseguro y copagos. Su deducible es la cantidad que debe pagar antes de que Medicare comience a pagar por su atención. Su coaseguro es la cantidad que debe pagar después de alcanzar su deducible y su copago es una cantidad fija que paga cada vez que recibe un servicio específico. Es importante comprender estos costos y cómo afectarán sus gastos generales de atención médica.

Por último, es importante comprender el gasto máximo de su bolsillo. Esto es lo máximo que tendrá que pagar por los servicios cubiertos en un año calendario. Una vez que alcance su desembolso máximo, Medicare cubrirá el 100% del costo de sus servicios cubiertos.

En conclusión, entender su cobertura de Medicare es una parte esencial de la revisión de su plan de Medicare. Al tomarse el tiempo para familiarizarse con las diferentes partes de Medicare, lo que está cubierto y lo que no, así como sus costos y desembolso máximo, puede tomar decisiones informadas sobre su cobertura de atención médica y evitar problemas en el futuro.

Los riesgos de ignorar las fechas de inscripción anual para Medicare

Otro problema común al revisar su plan de Medicare es ignorar las fechas de inscripción anual. La inscripción anual de Medicare se extiende desde el 15 de octubre hasta el 7 de diciembre de cada año y durante este tiempo puede realizar cambios en su cobertura o cambiar a un plan diferente. Si ignora este período importante, puede perder la oportunidad de hacer cambios en su cobertura que podría ahorrarle dinero o brindarle una mejor cobertura.

Es importante comprender que el período de inscripción anual no es lo mismo que el de inscripción abierta para planes de seguros privados. Durante la inscripción abierta puede inscribirse en un nuevo plan o realizar cambios en su cobertura actual, sin embargo, durante la inscripción anual de Medicare únicamente puede realizar cambios en su cobertura del Medicare existente mas no en ningún otro seguro que pueda tener.

Si ya está inscrito en Medicare es importante que revise su cobertura durante la inscripción anual para asegurarse de que aún satisfaga sus necesidades. Esto es especialmente importante si ha tenido algún cambio en su salud o situación financiera, como nuevas condiciones médicas o cambios en sus ingresos.

Durante la inscripción anual, puede realizar cambios en su cobertura de la Parte A, la Parte B, la Parte C o la Parte D. Por ejemplo, puede inscribirse en un plan Medicare Advantage, cambiar de un plan Medicare Advantage a otro o inscribirse en un plan de medicamentos recetados de la Parte D si aún no tiene uno.

También es importante considerar el costo de su cobertura durante la inscripción anual. Los planes de Medicare se revisan y actualizan anualmente; es posible que su plan actual ya no sea la mejor opción para usted. Al tomarse el tiempo para revisar su cobertura durante la inscripción anual, puede asegurarse de obtener el mejor valor por su dinero y de que su cobertura satisfaga sus necesidades.

En conclusión, ignorar las fechas de inscripción anual de Medicare puede hacerle perder oportunidades y causar problemas potenciales. Tomarse el tiempo para revisar su cobertura durante la inscripción anual puede garantizarle tener acceso a la protección que necesita, que su cobertura esté actualizada y que ésta sea rentable. No se pierda esta importante oportunidad de revisar su cobertura de Medicare y hacer los cambios necesarios.

Los riesgos ocultos de seguir con el mismo plan de Medicare

Otro error común al revisar su plan de Medicare es no comparar los planes. Con tantas opciones disponibles es importante tomarse el tiempo para comparar su plan actual con otros planes que puedan estar disponibles para usted. Si no se comparan los planes se corre el riesgo de pagar de más por la cobertura, tener déficits en esta o estar inscrito en un plan que no satisface sus necesidades.

Al comparar planes de Medicare es importante observar la cobertura, el costo y la calidad de cada plan. Por ejemplo, algunos planes pueden cubrir más servicios que otros o pueden tener copagos o deducibles más altos. Es importante comprender qué cubre cada plan y cuánto le costará.

Un factor relevante a considerar al comparar planes es la calidad de éstos. Algunos tienen mejores calificaciones que otros y un plan con una calificación más alta puede brindar una mejor atención médica con mejores resultados. Para averiguar la calidad de un plan puede consultar el sistema de calificación de estrellas de Medicare el cual califica los planes en función de factores como el servicio al cliente, la satisfacción de los miembros y el rendimiento del plan.

Además de comparar planes según la cobertura, el costo y la calidad, también es importante tener en cuenta la red de proveedores de cada plan. Diferentes planes pueden tener distintos proveedores siendo sumamente importante asegurarse de que sus médicos y hospitales sean parte de la red del plan que elija.

Otro factor de suma relevancia es tener en cuenta sus necesidades y preferencias personales. Por ejemplo, si tiene una afección crónica, es posible que desee elegir un plan que tenga una sólida red de especialistas que puedan ayudarlo a controlar su afección. Si toma muchos medicamentos recetados es posible que desee elegir un plan que tenga un copago bajo y una gran red de farmacias.

En conclusión, no comparar los planes de Medicare puede hacerle perder oportunidades causando problemas potenciales. Tomar tiempo para esto le ayudará a tomar una decisión informada, obtener la cobertura que necesita, que ésta sea rentable y que satisfaga sus necesidades personales.

No se pierda este importante paso al revisar su cobertura de Medicare.

Los riesgos de pasar por alto las redes de proveedores

Al elegir un plan de Medicare es importante considerar la red de proveedores asociada con el plan. Dicha red es un grupo de atención médica (como médicos, hospitales y clínicas) que acordó aceptar los términos y condiciones de pago del plan de seguro.

Si tiene un médico o centro médico preferido es importante verificar si están dentro de la red del plan que está considerando. Si no están dentro de la red es posible que deba pagar más por sus servicios o que quizás que no pueda verlos en absoluto.

Además de su médico preferido, también es importante considerar los hospitales y clínicas de la red del plan. Algunos planes pueden tener una red más pequeña limitando así sus opciones de servicios y tratamientos médicos. Por otro lado, algunos planes pueden tener una red más grande, lo que puede brindar más opciones y flexibilidad.

Otro factor a considerar es la cobertura geográfica de la red. Si viaja con frecuencia o vive en un área rural es importante elegir un plan que tenga una red grande y cubra a sus proveedores de atención médica preferidos. Esto asegurará que tenga acceso a los servicios médicos que necesita sin importar a dónde se encuentre.

También es importante tener en cuenta que las redes de proveedores pueden cambiar de un año a otro. Esto significa que es posible que su médico o centro médico preferido no esté dentro de la red al año siguiente por lo que es relevante verificar la red cada año durante el período de inscripción abierta.

En conclusión, no considerar la red de proveedores al elegir un plan de Medicare puede resultar en un acceso limitado a los servicios médicos y gastos inesperados. Si comprende la importancia de la red de proveedores y la revisa regularmente, puede asegurarse de tener la cobertura adecuada y el acceso a los servicios de atención médica que necesita. No pase por alto este importante factor al elegir su plan de Medicare.

Los riesgos de pasar por alto las redes de proveedores

Al elegir un plan de Medicare, es importante tener en cuenta la red de proveedores asociada al plan. Esta es un grupo de proveedores sanitarios, como médicos, hospitales y clínicas, que han acordado aceptar las condiciones de pago del plan de seguro.

Si tiene un médico o centro médico preferido, es importante que compruebe si pertenece a la red del plan que está considerando. Si no están dentro de la red, es posible que tenga que pagar más por sus servicios o que no pueda verlos.

Además de su médico preferido, también es importante tener en cuenta los hospitales y clínicas de la red del plan. Algunos planes pueden tener una red más pequeña, lo que puede limitar sus opciones de servicios y tratamientos médicos. Por otro lado, algunos planes pueden tener una red más amplia, lo que puede proporcionarle más opciones y flexibilidad.

Otro factor a tener en cuenta es la cobertura geográfica de la red. Si viaja con frecuencia o vive en una zona rural, es importante elegir un plan que tenga una amplia red y cubra a sus proveedores sanitarios preferidos. Así se asegurará de tener acceso a los servicios médicos que necesita, esté donde esté.

También es importante tener en cuenta que las redes de proveedores pueden cambiar de un año a otro. Esto significa que su médico o centro médico preferido puede no estar dentro de la red al año siguiente, por lo que es importante comprobar la red cada año durante el periodo de inscripción abierta.

En conclusión, no tener en cuenta la red de proveedores a la hora de elegir un plan de Medicare puede dar lugar a un acceso limitado a los servicios médicos y a gastos inesperados. Si comprende la importancia de la red de proveedores y la comprueba con regularidad, podrá asegurarse de tener la cobertura adecuada y acceso a los servicios sanitarios que necesita. No pase por alto este importante factor a la hora de elegir su plan de Medicare.

El alto precio de ignorar la cobertura para medicamentos recetados de Medicare

La cobertura de los medicamentos recetados es un aspecto importante de un plan de Medicare que a menudo se pasa por alto. Al elegir un plan, es importante tener en cuenta el tipo de cobertura que tendrá para sus medicamentos.

Algunos planes de Medicare ofrecen una cobertura completa de medicamentos recetados, mientras que otros pueden no cubrir determinados fármacos o tener unos gastos de bolsillo más elevados. Es importante que revise sus medicamentos actuales y se asegure de que estarán cubiertos por el plan que está considerando.

Otro factor a tener en cuenta es el formulario, que es una lista de medicamentos cubiertos por el plan. El formulario puede cambiar de un año a otro, por lo que es importante consultarlo cada año durante la inscripción abierta.

Otro dato importante es tener en cuenta la estructura de gastos compartidos de los medicamentos. Algunos planes pueden tener una prima mensual baja, sin embargo, existe la posibilidad de que los copagos o deducibles para los medicamentos sean más altos. Otros planes pueden tener una prima mensual más alta, pero con copagos o deducibles más bajos para los medicamentos. Es importante sopesar el coste de la prima mensual con el coste de sus medicamentos para determinar qué plan será el más rentable para usted.

Otro aspecto a tener en cuenta es la cobertura de los medicamentos especializados, que suelen ser más caros y se utilizan para tratar afecciones médicas complejas. Algunos planes pueden tener programas especiales para medicamentos especializados que ayudan a gestionar el costo de estos.

En conclusión, no tener en cuenta la cobertura de los medicamentos recetados a la hora de elegir un plan de Medicare puede dar lugar a gastos de bolsillo inesperados para sus medicamentos. Si comprende la importancia de la cobertura de medicamentos recetados y tiene en cuenta el formulario, la estructura de gastos compartidos y la cobertura de medicamentos especializados, podrá asegurarse de que tiene la cobertura adecuada y acceso a los medicamentos que necesita. No pase por alto este importante factor a la hora de elegir su plan de Medicare.

Ventajas adicionales de Medicare: no las deje escapar

Muchos planes de Medicare ofrecen beneficios adicionales que pueden ayudarlo a ahorrar dinero y mejorar su salud.

Estos beneficios pueden incluir cosas como servicios de atención preventiva, programas de bienestar y servicios de control de enfermedades.

Por ejemplo, algunos planes ofrecen programas de bienestar que lo ayudan a mantenerse saludable y activo. Estos programas pueden incluir clases de acondicionamiento físico, asesoramiento sobre nutrición y consejos de salud. Estos beneficios pueden ayudarlo a mantenerse saludable y evitar que se desarrollen o empeoren afecciones crónicas.

Los servicios de control de enfermedades también pueden ser un beneficio importante que ofrecen los planes de Medicare. Estos ayudan a controlar afecciones crónicas como diabetes, enfermedades cardíacas y asma. Los servicios de manejo de enfermedades pueden incluir controles regulares con una enfermera o un entrenador de salud, educación sobre el manejo de su condición y acceso a grupos de apoyo.

Algunos planes de Medicare también ofrecen servicios de telemedicina que le permiten ver a un médico o especialista de manera virtual. La telemedicina puede ser una forma conveniente y rentable de recibir atención médica, especialmente si vive en un área rural o tiene dificultades para viajar.

Además de estos beneficios, muchos planes de Medicare ofrecen servicios de atención preventiva como exámenes de salud regulares y vacunas sin costo alguno para usted. Aprovechar estos servicios puede ayudarlo a mantenerse saludable y prevenir el desarrollo de problemas de salud graves.

Es importante analizar los beneficios adicionales que ofrecen los planes de Medicare que está considerando, ya que estos pueden mejorar en gran medida su salud y calidad de vida en general. Al comprender estas ventajas adicionales que ofrece su plan, usted puede asegurarse de que está aprovechando todos los recursos disponibles para usted. No pase por alto estos importantes beneficios al elegir su plan de Medicare.

Comprender Medicare y la cobertura complementaria

No es raro que las personas tengan múltiples formas de cobertura de seguro y puede ser confuso comprender cómo funcionan todas juntas. Cuando se trata de Medicare y otros seguros es importante saber cómo interactúan y cuáles son sus responsabilidades.

Por ejemplo, si tiene Medicare y un seguro patrocinado por el empleador, el seguro patrocinado por su empleador puede ser el pagador principal de sus servicios de atención médica. Esto significa que pagará sus servicios de atención médica antes que Medicare.

Si tiene Medicare y un plan de seguro complementario, como un plan Medigap, el plan complementario puede ayudar a pagar los deducibles y copagos que Medicare no cubre. Es importante comprender lo que cubre el plan complementario y lo que usted seguirá siendo responsable de pagar.

En algunos casos, también puede tener Medicare y Medicaid. Medicaid es un programa del gobierno que brinda cobertura de atención médica a personas de bajos ingresos. En este caso es posible que Medicaid pague por sus servicios de atención médica antes que Medicare.

Es importante comprender el orden en que los planes de seguro pagan sus servicios de atención médica ya que esto afectará sus costos de bolsillo. Si no está seguro de cómo funcionan juntos sus planes de seguro, es una buena idea hablar con su proveedor de seguros o un profesional de la salud.

En conclusión, no entender cómo funciona Medicare con otros seguros puede resultar en gastos de bolsillo inesperados y confusión sobre qué servicios están cubiertos. Al tomarse el tiempo para comprender cómo interactúan sus planes de seguro, puede asegurarse de tener la cobertura adecuada y el acceso a los servicios de atención médica que necesite. No pase por alto este importante factor al considerar sus opciones de seguro.

¿Cómo tomar decisiones inteligentes sobre la cobertura complementaria de Medicare?

Medicare es un programa de seguro médico patrocinado por el gobierno, pero no cubre todos sus costos de atención médica. Hay muchas brechas en la cobertura que pueden resultar en gastos de bolsillo significativos para los beneficiarios. Aquí es donde entra en juego la cobertura suplementaria.

La cobertura suplementaria, también conocida como Medigap, es un tipo de póliza de seguro que llena los vacíos en la cobertura de Medicare. Puede ayudar a pagar deducibles, copagos y coaseguros, que son los montos que Medicare no cubre. Con la cobertura complementaria, puede protegerse de costos de atención médica inesperados y tener la tranquilidad de saber que sus gastos médicos están cubiertos.

Además de cubrir las brechas en la cobertura de Medicare, la cobertura complementaria también puede brindar beneficios adicionales como la cobertura de servicios médicos de emergencia mientras viaja fuera del país. Esto puede ser especialmente importante para aquellos que viajan con frecuencia o viven en áreas rurales.

Ignorar la necesidad de una cobertura suplementaria puede resultar en gastos de bolsillo significativos y tensión financiera. Al comprar una póliza complementaria puede tener la tranquilidad de saber que sus costos de atención médica están cubiertos y no tendrá que preocuparse por pagar gastos médicos inesperados.

Es importante comprender que existen diferentes tipos de cobertura complementaria disponibles y cada una cubre diferentes gastos. Debe considerar cuidadosamente sus necesidades de atención médica y su presupuesto al elegir una póliza complementaria. Si no está seguro de qué tipo de cobertura complementaria es adecuada para usted, es una buena idea hablar con un profesional de la salud o un agente de seguros.

En conclusión, ignorar la necesidad de una cobertura complementaria puede dejarlo vulnerable a importantes gastos de bolsillo y tensión financiera. Al elegir la cobertura complementaria adecuada, puede protegerse de costos de atención médica inesperados y tener la tranquilidad de saber que sus gastos médicos están cubiertos. No descuide este importante aspecto de su plan de atención médica.

¿Por qué no puede permitirse ignorar la asistencia a largo plazo?

La atención a largo plazo se refiere a una variedad de servicios que puede necesitar si tiene una afección crónica, una discapacidad u otro problema de salud que afecte su capacidad para vivir de forma independiente. Esto puede incluir cosas como atención médica en el hogar, vida asistida o atención en un hogar de ancianos.

Desafortunadamente, Medicare no cubre la mayoría de los servicios de atención a largo plazo y muchas personas no están preparadas para el alto costo de estos servicios. El costo promedio de una habitación privada en un hogar de ancianos puede ser de más de $100,000 por año, y estos costos pueden sumarse rápidamente con el tiempo.

No tener en cuenta sus necesidades de atención a largo plazo puede resultar en una tensión financiera significativa y ser una carga para sus seres queridos. Para evitar esto, es importante pensar en sus necesidades de atención a largo plazo y hacer planes para abordarlas.

Una opción a considerar es comprar una póliza de seguro de cuidado a largo plazo. Este tipo de póliza puede ayudar a cubrir los costos de los servicios de atención a largo plazo y reducir la carga de su familia. También puede ayudarlo a preservar sus ahorros y activos, para que no tenga que preocuparse por quedarse sin dinero durante sus últimos años.

Otra opción a considerar es reservar dinero en una cuenta de ahorros para la salud (HSA) o una cuenta de jubilación individual (IRA). Este dinero se puede utilizar para pagar los servicios de atención a largo plazo y, a menudo, es deducible de impuestos.

También es importante comprender que algunos planes de Medicare Advantage incluyen cobertura para servicios de atención a largo plazo. Al considerar sus necesidades de atención a largo plazo al elegir un plan Medicare Advantage, puede asegurarse de tener la cobertura que necesita en el futuro.

En conclusión, no tener en cuenta sus necesidades de atención a largo plazo puede resultar en una tensión financiera significativa y ser una carga para sus seres queridos. Para evitar esto, es importante pensar en sus necesidades de atención a largo plazo, hacer planes para abordarlas y considerar comprar una póliza de seguro de atención a largo plazo o reservar dinero en una cuenta de ahorros para la salud o una cuenta de jubilación individual. No descuide sus necesidades de atención a largo plazo y tome las medidas necesarias para protegerse a sí mismo ya su familia.

Capítulo 3:

Errores comunes que se deben evitar al solicitar ayuda estatal de Medicare

Medicare y Medicaid son dos programas gubernamentales que brindan cobertura de atención médica a millones de estadounidenses. A pesar de su importancia, muchas personas no entienden las diferencias entre éstos y cómo funcionan.

Medicare es un programa de seguro de salud federal para personas de 65 años o más, así como para personas con ciertas discapacidades y enfermedades. El programa se financia con impuestos y primas; cubre una amplia gama de servicios médicos incluyendo hospitalizaciones, visitas al médico y fármacos recetados.

Medicaid, por otro lado, es un programa federal-estatal que brinda cobertura de salud a personas de bajos ingresos. Este cubre una variedad de servicios médicos incluyendo atención hospitalaria, estancias, visitas al médico y medicamentos recetados, así como servicios de atención a largo plazo.

Una de las mayores diferencias entre Medicare y Medicaid radica en sus requisitos para calificar. Usted puede ser elegible para Medicare si tiene 65 años o más, si tiene una discapacidad o enfermedad que califique. Usted puede calificar para Medicaid si tiene bajos ingresos y cumple otros criterios de elegibilidad como estar embarazada, tener una discapacidad o ser un niño.

Otra diferencia importante entre los dos programas es la forma en que se financian. Medicare se financia con impuestos y primas pagados por los beneficiarios, así como por el gobierno federal. Medicaid está financiado por una combinación de fondos federales y estatales.

Es importante entender las diferencias entre Medicare y Medicaid porque tienen distintas opciones de cobertura y requisitos, por ejemplo, los planes Medicare Advantage, que son ofrecidos por compañías de seguros privadas, pueden ofrecer beneficios más allá de la cobertura tradicional de Medicare. Medicaid también cubre servicios que Medicare no cubre, como atención médica en el hogar y cuidado a largo plazo.

Si usted califica tanto para Medicare como para Medicaid, es posible que sea elegible para un programa llamado doble elegibilidad. Este programa puede proporcionar beneficios adicionales y ahorros de costos para las personas que califiquen.

En conclusión, entender Medicare y Medicaid es importante para cualquier persona que quiera tomar decisiones informadas sobre su cobertura de salud. Es importante entender las diferencias entre los dos programas, sus requisitos de elegibilidad y los tipos de cobertura que ofrecen. Al comprender estos programas, usted puede tomar las mejores decisiones acorde con su situación de salud y sus finanzas.

Navegando por el laberinto de la doble elegibilidad: cómo evitar costosos errores

Ser doblemente elegible significa que usted reúne los requisitos tanto para Medicare como Medicaid. Esto puede proporcionar beneficios y ahorros de costos para las personas que califiquen.

Si es elegible tanto para Medicare como para Medicaid, es posible que sea elegible para un programa llamado doble elegibilidad. Este programa puede proporcionar beneficios adicionales y ahorros de costos para las personas que califican.

Las personas con doble elegibilidad pueden tener costos de desembolso más bajos para su atención médica, así como el acceso a beneficios adicionales como cobertura dental, de la vista, asistencia de transporte, asistencia en el hogar y servicios de atención médica. Además, las personas con doble elegibilidad pueden inscribirse en los planes Medicare Advantage que son ofrecidos por compañías de seguros privadas y que pueden ofrecer beneficios adicionales más allá de la cobertura tradicional de Medicare.

Sin embargo, es importante entender que no todas las personas con doble elegibilidad reciben automáticamente todos estos beneficios adicionales. Los beneficios específicos y los requisitos de elegibilidad pueden variar dependiendo del estado en el que viva y de las condiciones específicas de los programas disponibles.

Si tiene doble elegibilidad, es importante que comprenda sus opciones y los beneficios disponibles para usted. Esto puede implicar trabajar con sus proveedores de atención médica, su oficina estatal de Medicaid y su plan de Medicare para determinar las mejores opciones para sus necesidades y circunstancias.

En conclusión, entender Medicare y Medicaid es importante para cualquier persona que desee tomar decisiones informadas sobre la cobertura de atención médica. Es importante comprender las diferencias entre los dos programas, sus requisitos de elegibilidad y los tipos de cobertura que ofrecen. Al entender estos programas, usted puede tomar las mejores decisiones que le beneficiarían tanto en su salud como en su situación financiera.

Transformando el cuidado de los ancianos: el papel de los programas PACE

Los Programas de Cuidado Integral para Adultos Mayores (por sus siglas en inglés PACE) es un programa que brinda atención integral a las personas de 55 años o más, que cumplan con los requisitos del estado en el que viven para recibir el nivel de atención que provee un hogar de ancianos y deben de ser elegibles tanto para Medicare como para Medicaid. Los programas PACE brindan un enfoque único para la atención que hace hincapié en la importancia de los cuidados a nivel comunitario y ayuda a que las personas mayores permanezcan en sus hogares el mayor tiempo posible.

Los programas PACE ofrecen una gama de servicios a los participantes incluyendo atención médica, terapia de rehabilitación, atención diurna para adultos, atención médica domiciliaria y servicios de transporte. Estos servicios son diseñados para ayudar a las personas mayores a mantener su independencia y mejorar su calidad de vida. Los programas PACE también ofrecen actividades sociales y eventos para ayudar a los participantes a mantenerse activos y comprometidos con sus comunidades.

Uno de los beneficios clave de los programas PACE es el abordaje de atención y cuidados personalizados. A cada participante se le asigna un equipo de profesionales de la salud que trabajan juntos para crear un plan de atención personalizado que aborde sus necesidades y circunstancias específicas. Este equipo generalmente incluye un médico de atención primaria, un trabajador social, una enfermera y un médico o terapeuta ocupacional.

Los programas PACE también ofrecen beneficios financieros a los participantes. Al combinar los fondos de Medicare y Medicaid, los programas PACE pueden brindar una atención integral a un costo menor que el tradicional cuidado de hogares de ancianos. Además, muchos programas PACE cubren el costo de medicamentos recetados, equipo médico y otros servicios de salud que pueden no estar cubiertos por los tradicionales Medicare o Medicaid.

Con el fin de ser elegible para un programa PACE, las personas deben cumplir con ciertos requisitos como la edad, la necesidad médica y la elegibilidad para ambos Medicare y Medicaid. Los programas PACE se ofrecen en muchos estados de todo el país y los requisitos de elegibilidad específicos varían según el programa y el estado.

Si usted o un ser querido está interesado en obtener más información sobre los programas PACE, es importante investigar y encontrar un programa que satisfaga sus necesidades específicas y circunstancias. Esto puede implicar trabajar con su proveedor de atención médica, la oficina de Medicaid en su estado o un representante del programa PACE para obtener más información sobre los beneficios y requisitos de elegibilidad.

En conclusión, Programas de Atención Integral al Adulto Mayor (PACE) ofrecen un enfoque único para el cuidado de las personas mayores que enfatiza el cuidado basado en la comunidad y la atención personalizada. Por brindar atención médica integral, actividades sociales y servicios de transporte, los programas PACE ayudan a las personas mayores a mantener su independencia y mejorar su calidad de vida. Si usted o un ser querido es elegible para un programa PACE, es importante entender los beneficios y requisitos de elegibilidad para asegurar que está recibiendo la mejor atención posible.

Simplificación del plan de medicamentos recetados de Medicaid

Medicaid es un programa administrado por el gobierno que brinda cobertura de atención médica a personas y familias de bajos ingresos. Uno de los beneficios de Medicaid es que cubre el costo de los medicamentos recetados para aquellos que son elegibles. Sin embargo, entender Medicaid y la cobertura de medicamentos recetados puede ser confuso, especialmente para aquellos que son nuevos en el programa.

Lo primero que debe entender sobre Medicaid y la cobertura de medicamentos recetados es que varía de un estado a otro. Cada estado tiene su propio programa de Medicaid, tanto los beneficios como la cobertura pueden diferir dependiendo de dónde vivas. Es importante consultar con su oficina estatal de Medicaid para entender los beneficios específicos y cobertura que están disponibles para usted.

En general, Medicaid cubre la mayoría de los medicamentos recetados que son aprobados por la FDA. Esto incluye medicamentos de marca, genéricos y fármacos especializados. Sin embargo, algunos requieren autorización previa o pueden no estar cubiertos en absoluto. Es importante trabajar con su proveedor de atención médica para comprender qué medicamentos están cubiertos y cómo obtenerlos.

Uno de los desafíos con Medicaid y la cobertura de los medicamentos recetados es que puede haber restricciones sobre dónde puede obtener sus recetas surtidas. Algunos planes de Medicaid requieren que use una farmacia específica o un servicio de pedidos por correo para surtir sus prescripciones Otros pueden permitirle usar cualquier farmacia que acepta Medicaid. Es importante entender estas restricciones y trabaje con su proveedor de atención médica para asegurarse de que pueda obtener sus recetas surtidas de manera oportuna.

Otro aspecto importante de Medicaid y la cobertura de medicamentos recetados es entender los costos. Si bien Medicaid cubre el costo de los medicamentos recetados, aún usted puede ser responsable de ciertos gastos de bolsillo, como copagos o deducibles. Estos costos pueden variar según su estado y su plan específico. Es importante revisar su plan de Medicaid para entender sus gastos de bolsillo y cómo pagarlos.

Finalmente, es importante entender que la cobertura de medicamentos recetados para Medicaid no siempre es permanente. Tanto su elegibilidad para Medicaid como los medicamentos que están cubiertos pueden cambiar con el tiempo. Es importante mantenerse informado sobre las modificaciones tanto en su elegibilidad como en su cobertura, asimismo, trabajar con su proveedor de atención médica para asegurarse de que está recibiendo los medicamentos que necesita.

En conclusión, comprender Medicaid y la cobertura de los medicamentos recetados puede ser confuso, pero es importante tomarse el tiempo para conocer los beneficios y restricciones de su plan en específico. Si trabaja tanto con su proveedor de atención médica como con la oficina de Medicaid en su estado, puede asegurarse de que está recibiendo los medicamentos que necesita a un precio que pueda pagar.

Comprender el subsidio de bajos ingresos de Medicare

No entender la ayuda adicional, también conocida como el subsidio de bajos ingresos, puede ser un error costoso para aquellos en Medicare que requieren medicamentos recetados. Extra Help (ayuda extra) es un programa que proporciona asistencia financiera a los beneficiarios elegibles para ayudarlos a pagar sus medicamentos recetados. Muchas personas que son elegibles para este programa lo desconocen o no saben cómo solicitarlo.

El programa Extra Help está disponible para personas que tienen Medicare con ingresos y recursos limitados. El programa ayuda a pagar el costo de la cobertura de medicamentos recetados de Medicare, también conocida como Parte D. Según los ingresos de la persona, La Ayuda Adicional (Extra Help) puede cubrir la totalidad o parte de los costos de sus medicamentos, incluidos primas, deducibles y copagos.

Hay varias formas de calificar para la Ayuda Adicional. Si la suma de los ingresos y recursos del individuo están por debajo de cierto nivel, puede calificar automáticamente para el programa. La Seguridad Social (SSA) les enviará un aviso de su elegibilidad para obtener ayuda adicional y le inscribirán automáticamente en un plan de la Parte D. Además, las personas pueden solicitar Ayuda Adicional a través de la SSA o la oficina de Medicaid de su estado.

No comprender la Ayuda Adicional puede ser un error costoso, ya que muchas personas pueden estar pagando más de lo necesario para sus medicamentos recetados. El costo de los medicamentos recetados puede ser un factor significativo en la carga financiera para quienes tienen un ingreso fijo y la Ayuda Adicional puede aliviar esa carga. En adición a los ahorros del costo, las personas que son elegibles para la Ayuda Adicional pueden tener una selección más amplia de planes de medicamentos recetados disponibles para ellos debido a que estos no se limitan a los planes con las primas más bajas.

Es esencial que las personas con Medicare entiendan las opciones disponibles para ellos en la cobertura de medicamentos recetados, incluido el programa de ayuda adicional. Si alguien está luchando para pagar por sus medicamentos o no sabe si es elegible para Ayuda Adicional, deben comunicarse con su oficina local del Seguro Social o la oficina de Medicaid de su estado para obtener ayuda. Tomar ventaja de Extra Help puede proporcionar ahorros de costos significativos y tranquilidad para aquellos que dependen de medicamentos recetados para controlar su salud.

El costoso error de ignorar QMB

El Programa de Beneficiarios Calificados de Medicare (QMB por sus siglas en inglés) es un programa federal y estatal que ayuda a pagar las primas de Medicare, deducibles

y coaseguro para personas con ingresos y recursos limitados.
Este programa está diseñado para proporcionar asistencia
financiera a aquellos que son elegibles tanto para Medicare
como para Medicaid.

Para ser elegible para el programa QMB, una persona debe
tener Medicare Parte A e ingresos y recursos limitados. Los
límites de ingreso varían según el estado, pero en general,
las personas deben de tener unos ingresos por debajo de
cierto umbral para calificar. Los recursos incluyen ahorros,
inversiones y propiedades. Las personas deben de tener
menos de una cierta cantidad para calificar.

El programa QMB es un recurso excelente para las personas
que tienen dificultades para pagar sus costos de Medicare. El
programa cubre las primas de la parte A y B, deducibles y
coaseguro. Además, los beneficiarios de QMB están
protegidos contra ser facturado por los costos de Medicare
que no están cubiertos por el programa. Esto significa que
los proveedores como médicos, hospitales y otros servicios

de atención médica no pueden cobrar a los beneficiarios de QMB por ningún servicio de Medicare costos que cubre el programa.

Inscribirse en el programa QMB es un proceso simple y las personas pueden presentar su solicitud a través de la oficina de Medicaid de su estado. Una vez aprobada, las personas recibirán una tarjeta QMB que les permitirá recibir servicios de atención médica sin que se le facturen costos de Medicare.

Es esencial para las personas que pueden ser elegibles para el programa QMB entender los beneficios y cómo aplicar. Muchos individuos pueden no darse cuenta de que califican para el programa o podrían dudar en inscribirse debido a información y conceptos erróneos, sin embargo, el programa QMB puede proporcionar alivio financiero significativo para aquellos que luchan para pagar sus costos de Medicare.

En general, el programa QMB es un recurso importante para aquellos en Medicare con ingresos y recursos limitados. Puede ayudar a aliviar la carga financiera de los costos sanitarios y garantizar que las personas tienen acceso a la atención que necesitan sin preocuparse sobre el costo. Si cree que puede ser elegible para el programa QMB, comuníquese con la oficina de Medicaid de su estado para solicitar y obtenga más información sobre los beneficios.

CAPÍTULO 4:

Desmitificando Medicare Parte D:
Conceptos erróneos comunes y cómo evitarlos

Medicare Parte D es un programa federal que brinda cobertura de medicamentos recetados a los beneficiarios de Medicare. Este programa fue creado en 2006 como resultado de la Ley de Modernización de Medicare y está diseñado para ayudar a las personas con Medicare a pagar por sus costos de medicamentos recetados.

Medicare Parte D está disponible para cualquier persona que sea elegible para Medicare, independientemente de sus ingresos o el estado de salud. Este es un programa voluntario, lo que significa que los beneficiarios deben inscribirse activamente en el programa para recibir beneficios, sin embargo, debido a que hay penalizaciones por retraso de inscripción es sumamente importante que las personas entiendan tanto el proceso de suscripción como cronograma.

El programa funciona ofreciendo una variedad de planes de medicamentos recetados, también conocidos como planes de la Parte D, que son proporcionados por las compañías de seguros. Estos planes están aprobados por Medicare y ofrecen diferentes niveles de cobertura para medicamentos recetados. Cada uno de ellos tiene una lista de medicamentos cubiertos, también conocida como formulario, que describe los medicamentos que están cubiertos y la cantidad que el plan pagará por cada medicamento.

Los planes de la Parte D también tienen diferentes niveles de costos compartidos, que incluyen primas, deducibles y coaseguros o copagos. La cantidad que un beneficiario paga por sus medicamentos recetados depende del plan específico que elijan y la estructura del costo compartido de ese plan.

Es importante que los beneficiarios revisen la Parte D de su plan cada año durante el Período de Inscripción Anual, que ocurre desde 15 de octubre al 7 de diciembre. Durante este tiempo, los beneficiarios pueden revisar su plan actual y compararlo con otros planes disponibles para garantizar que tengan la cobertura más rentable para sus necesidades de medicamentos.

Además, las personas que tienen ingresos y recursos limitados pueden calificar para Ayuda Adicional, que es un programa que proporciona asistencia financiera para los costos de la Parte D de Medicare. Este programa puede ayudar a reducir las primas, los deducibles y el coaseguro o copagos para beneficiarios elegibles.

En general, la Parte D de Medicare es un programa sumamente importante que ayuda a millones de los beneficiarios a pagar por sus medicamentos recetados. Al ofrecer una variedad de planes y opciones de asistencia financiera, el programa puede ayudar a las personas con Medicare a obtener los medicamentos que necesitan para mantener su salud y bienestar. Si es elegible para Medicare, es esencial comprender los beneficios de la Parte D y cómo inscribirse en el programa para asegurarse de tener acceso a cobertura asequible de medicamentos recetados.

De Deducibles a Cobertura Catastrófica: Dominando el Cuatro etapas de Medicare

La Parte D tiene cuatro etapas de cobertura: deducible, cobertura inicial, brecha de cobertura y cobertura catastrófica. Comprender estas etapas es importante para asegurarse de sacar el máximo provecho de su cobertura de medicamentos recetados y evitar costos innecesarios.

La primera fase es la etapa del deducible. Esta es la cantidad que usted debe pagar de su bolsillo para los medicamentos recetados antes de que su Parte D plan comience a brindar cobertura. Cada año, la cantidad del deducible puede cambiar por lo que es importante revisar los detalles para saber cuánto tendrá que pagar. Una vez que se alcanza el deducible, ingresa a la etapa de cobertura inicial. Durante esta fase, su plan de la Parte D pagará una parte del costo de sus medicamentos recetados cubiertos y usted será responsable del resto. El costo compartido incluye copagos o coaseguro, que variará según el plan.

Una vez que haya gastado cierta cantidad en medicamentos recetados durante la etapa de cobertura inicial, usted entrará en la brecha de la cobertura, también conocida como el agujero de la rosquilla. Durante esta etapa, usted será responsable de una porción más grande del costo de sus medicamentos recetados, sin embargo, puede ser elegible para descuentos o beneficios financieros que pueden ayudarle a pagar sus medicamentos.

En el 2021, una vez que alcance $4,130 en costos totales de medicamentos (incluyendo lo que usted y su plan han pagado), entrará a la brecha de su cobertura. Mientras esté en la brecha, recibirá un 75% de descuento en medicamentos con nombre de marca y un 70% de descuento en medicamentos genéricos. Estos descuentos se aplicarán hasta que su gasto de bolsillo total para el año alcance los $6.550.

Finalmente, la etapa de cobertura catastrófica comienza después de que haya gastado cierta cantidad de dinero de su bolsillo en medicamentos cubiertos. Durante esta etapa, sólo será responsable de una pequeña cantidad o porcentaje del costo de sus medicamentos recetados. Esta cantidad puede variar según el plan.

En resumen, comprender el deducible, la cobertura inicial, brecha de cobertura y etapas de cobertura catastrófica de la Parte de Medicare D es crucial para garantizar que aproveche al máximo su cobertura de medicamentos recetados. Conocer los detalles de su plan y tomar ventaja de los descuentos y los programas de asistencia financiera puede ayudar ahorrar dinero en sus medicamentos y evitas gastos innecesarios.

¿Cómo decodificar su cobertura de medicamentos recetados?: una mirada a los niveles y formularios

Cuando se inscriba en un plan de la Parte D de Medicare encontrará que diferentes medicamentos tienen diferentes costos. El precio de sus medicamentos depende del nivel en el que se encuentren. Los niveles son categorías que agrupan medicamentos por su valor. Cuanto menor sea el nivel, menor será el precio de la droga. Los niveles se utilizan a menudo en los formularios que son las listas de medicamentos que están cubiertos por el plan.

Los formularios pueden variar ampliamente entre los planes. Cada plan decide qué medicamentos cubrir y cuáles excluir. Es importante que revise cuidadosamente el formulario para asegurarse de que sus medicamentos estén incluidos. Si toma un fármaco, que no está en la lista del formulario de su plan, es posible que deba pagar el costo total del medicamento de su propio bolsillo.

Además del formulario, también puede considerar un programa de administración de medicamentos del plan. El servicio de gestión de medicamentos es un sistema que le puede ayudar a realizar un seguimiento de sus medicamentos, controlar los efectos secundarios y las interacciones entre sus fármacos. Algunos planes también ofrecen opciones de pedidos por correo que le pueden ahorrar dinero y tiempo entregando los medicamentos en su puerta.

Al seleccionar un plan de la Parte D de Medicare, es importante considerar cuánto pagará por cada medicamento. Diferentes planes pueden tener diferentes costos para el mismo fármaco, por lo que es importante comparar planes para encontrar el adecuado para usted. También querrá considerar la estructura de niveles del plan, el formulario y programas de administración de medicamentos para asegurarse de que se ajusten a sus necesidades.

Si tiene problemas para pagar sus medicamentos, puede calificar para ayuda adicional. El programa "Extra Help" es un programa federal que ayuda a personas con ingresos y recursos limitados a pagar por sus medicamentos. Este puede ayudarlo a ahorrar dinero en sus primas mensuales, deducibles y copagos.

En general, comprender los niveles, formularios y la administración los medicamentos es esencial al seleccionar un plan de la Parte D de Medicare. Al revisar cuidadosamente sus opciones y seleccionar el plan que es adecuado para usted, puede asegurarse de tener acceso a los medicamentos que necesita a un precio que puede pagar.

Como beneficiario de Medicare, elegir el plan correcto de medicamentos recetados es crucial para su salud y bienestar financiero. En algunos casos, es posible que su plan actual no cumpla con sus necesidades o que pueda requerir hacer un cambio debido a alguna modificación en sus medicamentos. Aquí es donde entra el plan al agregar, cambiar o eliminar el plan de prescripción.

Su plan de medicamentos recetados: ¿Agregar, cambiar o cancelar?

Si es nuevo en Medicare o nunca ha tenido alguna cobertura de medicamentos recetados, es posible que pueda agregar un plan de medicamentos recetados a su cobertura de Medicare existente. La parte D de Medicare es la cobertura de medicamentos recetados ofrecida a los beneficiarios de Medicare. Sin embargo, no puede inscribirse en un plan de la Parte D si ya está inscrito en un plan Medicare Advantage que incluya cobertura de medicamentos recetados. En ese caso, deberá cancelar Medicare Advantage e inscribirse en un plan independiente de la Parte D.

Si actualmente no tiene cobertura de medicamentos recetados, puede inscribirse en un plan de la Parte D durante el período de inscripción inicial o durante el período de inscripción anual. Una vez inscrito, tendrá acceso a una lista de medicamentos cubiertos y el costo de cada uno. Asegúrese de revisar el formulario para corroborar que los medicamentos que necesita estén cubiertos.

Cambio de planes de medicamentos recetados

Es posible que descubra que su plan actual de medicamentos recetados no cubre sus medicamentos o tiene copagos altos. En este caso, usted tal vez desee cambiarse a un plan de medicamentos recetados diferente que se adapte mejor a sus necesidades. El período de inscripción anual es el momento adecuado para cambiar de plan sin penalización.

Para hacer el cambio, debe revisar el formulario del nuevo plan para asegurarse de que sus medicamentos estén cubiertos. También necesitas considerar el costo del nuevo plan, que incluye la prima mensual, deducible, copagos y la brecha de cobertura.

Darse de baja de un plan de medicamentos recetados

Si descubre que ya no necesita la cobertura de medicamentos recetados o si se está inscribiendo en un plan Medicare Advantage que incluye cobertura de medicamentos recetados, es posible que desee cancelar su actual plan de medicamentos recetados. Puede hacer esto durante el período de inscripción anual y no enfrentará ninguna sanción por abandonar su plan.

Si decide cancelar su plan de medicamentos recetados, asegúrese de inscribirse en un nuevo plan que ofrezca la cobertura que necesita. Si usted va sin cobertura por algún de tiempo, puede enfrentar una multa cuando se inscriba en un nuevo plan.

Elegir el plan de medicamentos recetados adecuado es una decisión importante que pueden afectar su salud y su billetera. Ya sea que necesites agregar, cambiar o cancelar su plan de medicamentos recetados, es importante que revise sus opciones y elija el plan que mejor se adapte a sus necesidades. Al comprender cómo funciona el proceso va a poder hacer una decisión informada asegurándose de tener la cobertura que necesita.

Entendiendo las primas de la parte D para beneficiarios de Medicare con ingresos más altos

La Parte D de Medicare es un plan de medicamentos recetados diseñado para ayudar a que las personas con Medicare ahorren dinero en costos de medicamentos recetados. Si bien proporciona muchos beneficios, hay algunas personas que son obligadas a pagar más por la Parte D debido a sus ingresos. Esto es conocido como el monto de ajuste mensual relacionado con los ingresos (IRMAA por sus siglas en inglés).

Si tiene la Parte D de Medicare, el monto que paga por el plan depende de tus ingresos. La cantidad que paga se basa en su ingreso bruto ajustado, según lo informado en su declaración de impuestos del IRS. Si los ingresos superan una cierta cantidad, se le pedirá que pague una cantidad adicional para su plan de la Parte D.

El importe del pago adicional se calcula en función de su ingreso. Para el año 2023, si el ingreso es superior a $97,000 por un individuo o $194,000 para una pareja casada, la persona pagará un monto adicional. Cuanto mayor sea su ingreso, más deberá pagar.

Es importante tener en cuenta que el monto adicional que paga por la Parte D debido a sus ingresos es independiente del costo del plan en sí. El monto que paga por el plan de la Parte D variará según el plan que elija, los medicamentos que toma y otros factores.

Si debe pagar el monto adicional de la Parte D, deberá recibir un aviso de la Administración del Seguro Social. Este aviso le permitirá saber cuánto tendrá que pagar y cómo pagarlo.

Es importante tener en cuenta que la cantidad adicional que paga por La Parte D relacionada a sus ingresos no es permanente. Se vuelve a evaluar cada año basada en su declaración de impuestos más reciente. Si sus ingresos han disminuido, es posible que pueda reducir el monto que paga por la Parte D.

Si está inscrito en Medicare y tiene ingresos altos, es importante entender cómo el ingreso mensual relacionado la cantidad de ajuste funciona. Al comprender las reglas, usted puede planificar los costos adicionales y tomar decisiones informadas sobre su cobertura de atención médica.

Plazos incumplidos, penalizaciones importantes: navegando la inscripción tardía en Medicare

Medicare Parte D es un programa federal que proporciona cobertura de medicamentos recetados para personas inscritas en Medicare. Si usted no se inscribe en un plan de la Parte D cuando sea elegible por primera vez, puede estar sujeto a una multa por inscripción tardía. Esta sanción puede ser costosa y puede durar tanto hasta que esté inscrito en un plan de la Parte D.

El propósito de este capítulo es ayudarle a entender la importancia de inscribirse en la Parte D cuando es elegible por primera vez y las consecuencias de no hacerlo. También discutiremos las penalidades y las multas asociadas con la inscripción tardía.

Cuando inscribirse

Usted es elegible por primera vez para inscribirse en un plan de la Parte D cuando se vuelve elegible para Medicare. Esto suele ser cuando cumple 65 años, o si es más joven, cuando ha estado recibiendo prestaciones del Seguro Social por invalidez durante 24 meses.

Si es elegible para Medicare y no tiene cobertura de medicamentos recetados de otra fuente, como un plan patrocinado por el empleador, debe inscribirse en la Parte D cuando sea elegible por primera vez. Si no lo hace durante su período de inscripción inicial, puede estar sujeto a una multa por inscripción tardía.

Multa por inscripción tardía

La multa por inscripción tardía se calcula multiplicando el 1% de la prima base nacional del beneficiario por el número de meses no cubiertos en los que era elegible para la Parte D pero que no se inscribió. La prima de beneficiario base nacional cambia cada año, y el monto de la multa puede variar dependiendo de la duración de tiempo que estuvo sin cobertura. Por ejemplo, si fue elegible para la Parte D durante 12 meses, pero no se inscribió, y la prima de beneficiario base nacional fue de $33.06, su multa sería de $3.97 por mes ($33.06 x 1% x 12). Esta multa se agregaría a su prima mensual durante el tiempo en que esté inscrito en un plan de la Parte D.

Primas

Además de la multa por inscripción tardía, también tendrá que pagar una prima mensual por su cobertura de la Parte D. La cantidad de la prima puede variar según el plan que elijas y donde vives. Algunos planes tienen deducibles, copagos y coaseguro, que también puede afectar sus gastos de bolsillo.

Es importante comparar planes para encontrar uno que satisfaga sus necesidades y se ajuste a tu presupuesto. Puede usar el buscador de planes de Medicare, dicha herramienta está disponible en el sitio web de Medicare y es muy útil para comparar planes y estimar sus costos

Períodos de inscripción

Hay ciertos momentos en los que puede inscribirse en un plan de la Parte D o realizar cambios en su cobertura. El período de inscripción inicial es el período de 7 meses que comienza 3 meses antes del mes en que cumple 65 años y finaliza 3 meses después del mes en que cumple 65 años.

Después de su período de inscripción inicial, puede realizar cambios en su cobertura durante el período de inscripción anual, que es desde 15 de octubre al 7 de diciembre de cada año. También puede hacer cambios a su cobertura durante un período de inscripción especial si experimenta ciertos eventos de la vida, como mudarse o perder su cobertura patrocinada por el empleador.

Conclusión

Inscribirse en un plan de la Parte D de Medicare cuando es elegible por primera vez es importante para evitar la multa por inscripción tardía y asegurarse de que tener cobertura para sus medicamentos recetados. También es importante revisar su cobertura cada año durante el período de inscripción anual para asegurarse de que su plan aún satisfaga sus necesidades y se ajuste a su presupuesto. Si tiene alguna pregunta sobre la Parte D o necesita ayuda comparando planes, puede comunicarse con su Programa de Asistencia de Seguro de Salud Estatal (SHIP por sus siglas en inglés) o llame al 1-800-MEDICARE.

SEP: el secreto para cambiar su cobertura de Medicare en cualquier momento

Como beneficiario de Medicare, es posible que haya escuchado sobre períodos de inscripción especial (SEP) y se preguntó qué son y cuándo podría utilizarlos. Un SEP es un período en el que puede inscribirse o realizar cambios en su cobertura de Medicare fuera del período anual de inscripción.

Período de inscripción inicial (IEP)

El IEP es la primera vez que puede inscribirse en Medicare. Es un periodo de siete meses que comienza tres meses antes de cumplir 65 años, incluye su mes de nacimiento y termina tres meses después de su mes de nacimiento. Si no cumple con su IEP, deberá esperar hasta el próximo período de inscripción anual para inscribirse en Medicare.

Período de inscripción anual (AEP)

El AEP es el momento de cada año en el que puede realizar cambios en su cobertura de Medicare. Se extiende del 15 de octubre al 7 de diciembre y cualquier cambio que realice durante este tiempo tendrá efecto en 1 de enero del año siguiente.

Período de inscripción general (GEP)

El GEP es para personas que perdieron su IEP y no se inscribieron en Medicare durante un SEP o durante el AEP. Va desde el 1 de enero al 31 de marzo de cada año. Sin embargo, si no cumple con su IEP y el AEP, es posible que enfrente una sanción por inscripción tardía.

Período Especial de Inscripción (SEP)

El SEP es un período de tiempo fuera del IEP, AEP o GEP cuando puede inscribirse o hacer cambios en su plan de cobertura de Medicare. Hay muchas razones por las que podría ser elegible para un SEP, tales como:

- Mudarse a una nueva dirección que está fuera de su actual área de servicio del plan

- Perder la cobertura basada en el empleador

- Ser elegible para Medicaid

- Abandonar un plan Medicare Advantage porque se está yendo su área de servicio o ya no le proporciona los beneficios que necesita

- Experimentar un evento importante en la vida, como un divorcio o la muerte de un cónyuge

Algunos SEP tienen plazos y requisitos específicos. Por ejemplo, si se muda a una nueva dirección fuera de la cobertura del área de servicio de su plan, tiene una ventana de dos meses para inscribirse en un nuevo plan. Si pierde la cobertura basada en el empleador, tiene ocho meses para inscribirse en Medicare.

Es importante tener en cuenta que no todos los cambios en su cobertura requieren una SEP. Por ejemplo, puede cambiar de un plan de Medicare Advantage a otro durante el AEP sin necesidad de un SEP.

Entender cuándo usar un SEP puede ser confuso, pero la buena noticia es que no tiene que navegar este proceso solo.

Medicare.gov tiene recursos para ayudarlo a comprender sus opciones e inscribirse o hacer cambios en su cobertura. Además, trabajar con un agente autorizado de Medicare puede ayudarlo a tomar decisiones informadas y asegurarse de que está aprovechando todos los beneficios disponibles para usted.

CAPÍTULO 5:

Asumir que todas las pólizas
de Medigap son las mismas

A medida que se acerca a la edad de 65 años, es posible que haya escuchado el término Medigap. Medigap es un tipo de seguro privado que ayuda a pagar algunos de los costos que Medicare Original no cubre como copagos, coaseguro y deducibles.

Las pólizas de Medigap están diseñadas para llenar las "brechas" dejadas por el Medicare original, que sólo cubre una parte de sus gastos médicos. Si bien las pólizas Medigap son vendidas por compañías de seguros privados, están regulados por el gobierno federal.

Antes de poder comprar una póliza Medigap, debe estar inscrito tanto en la Parte A como en la Parte B de Medicare. También deberá pagar una prima mensual por su póliza Medigap además de su prima de Medicare.

Hay diez planes Medigap estandarizados, etiquetados de la A a la N. Cada plan proporciona un nivel diferente de cobertura y los beneficios están estandarizados en todas las compañías de seguros. Esto significa que la cobertura de Plan F, por ejemplo, será la misma independientemente de a qué compañía de seguros lo compra.

Es importante tener en cuenta que las pólizas Medigap no cubren todo. Por ejemplo, no cubren atención a largo plazo, visión, prótesis dentales o auditivas. Además, las pólizas Medigap no cubren cualquier costo asociado a los planes Medicare Advantage. Al decidirse por un plan Medigap, es fundamental tener en cuenta la cobertura que necesita y cuánto está dispuesto a pagar por las primas. Estas pueden variar según su domicilio, edad y estado de salud. En algunos casos, se le puede negar la cobertura o cobraron más debido a condiciones preexistentes.

Puede comprar una póliza Medigap durante los seis meses período de inscripción abierta que comienza el primer día del mes en el que cumple 65 años y está inscrito en la Parte B de Medicare. Durante este período, puede comprar cualquier póliza Medigap disponible en su estado, independientemente de cualquier condición preexistente que pueda tener.

Es posible que aún pueda comprar una póliza Medigap fuera del período de inscripción abierta, pero puede estar sujeto a evaluaciones médicas, lo que podría resultar en primas más altas o en una cobertura denegada.

En conclusión, las pólizas Medigap pueden ayudar a llenar los vacíos en su cobertura de Medicare, pero vienen con una prima mensual adicional. Es esencial comprender la cobertura proporcionada por cada plan y buscar el mejor precio. No espere hasta el último minuto para comprar una póliza Medigap, ya que se le puede negar la cobertura o cobrar primas más altas debido a condiciones de salud preexistentes.

Inscripción sin preguntas

La emisión garantizada es un derecho a comprar una póliza Medigap sin estar sujeto a evaluación médica. Esto significa que un seguro la compañía no puede negarse a venderle una póliza, no puede cobrarle más por una póliza, o no puede imponer una exclusión por alguna condición preexistente si cumple con ciertos criterios.

Entonces, ¿cuáles son esos criterios? Tiene derechos de emisión garantizados si usted está en una situación en la que su cobertura de Medigap está siendo cancelado sin su culpa, o si tiene un plan de Medicare Advantage y su plan está saliendo de Medicare o se está mudando fuera de su área de servicio.

Si se encuentra en una situación en la que tiene derechos de emisión garantizada, es importante actuar con rapidez. La ventana de tiempo para inscribirse en una nueva póliza de Medigap es generalmente de 63 días a partir de la fecha en que termina su cobertura o desde la fecha en que recibe el aviso de que su cobertura terminará.

Es importante tener en cuenta que los derechos de emisión garantizada no duran para siempre. Sólo tiene una oportunidad para usarlos y el marco de tiempo para esto es limitado. Una vez que esa ventana haya terminado, tendrá que pasar por un proceso de evaluación médica y es posible que no pueda obtener una póliza Medigap o que deba pagar una prima más alta en función de su historial médico.

Pero, ¿qué pasa si tienes una condición preexistente? ¿Impactará esto su capacidad para obtener una póliza Medigap? La respuesta es quizás. Si está utilizando sus derechos de emisión garantizada, una compañía de seguros no puede negarle la cobertura en función de su historial médico incluyendo sus condiciones preexistentes. Sin embargo, si está fuera de su período de emisión garantizada y usted tiene una condición preexistente, las compañías de seguros pueden negarle la cobertura o cobrarle más según su historial médico.

Es importante tener en cuenta que, si es elegible para emisión garantizada, todavía tiene que pagar la prima de la póliza Medigap. Sin embargo, puede elegir entre una variedad de planes lo que le puede ayudar a encontrar el que se ajuste a sus necesidades y presupuesto.

En resumen, la emisión garantizada es un derecho importante para quienes están perdiendo su cobertura de Medigap o dejando un plan de Medicare Advantage. Es importante actuar con rapidez e inscribirse en una nueva póliza durante la ventana de tiempo limitada e incluso si tiene una condición preexistente, aún puede obtener cobertura bajo su derecho de emisión garantizada.

Medigap simplificado: una guía paso a paso para comprar una póliza

Cuando usted es elegible para Medicare por primera vez, tiene siete meses del período de inscripción inicial para anotarse en la Parte A y B de Medicare. Durante este lapso tiene la opción de inscribirse en una póliza de Medigap también. Pero, ¿y si no te registraste durante su período de inscripción inicial o desea cambiar de póliza. Hay algunas maneras de comprar una póliza Medigap.

Lo primero que debes saber es que las pólizas Medigap se venden por las compañías de seguros privadas. Esto significa que los costos y Los beneficios pueden variar dependiendo de la compañía. es importante hacer su investigación y comparación de pólizas de múltiples seguros empresas para encontrar la que mejor se ajuste a sus necesidades y presupuesto.

Una forma de comprar una póliza Medigap es a través de un agente de seguros quien puede ayudarle a comparar pólizas y determinar qué plan es el adecuado para usted. Mantenga eso en cuenta. Los agentes de seguros trabajan por comisión, por lo que es posible que no siempre tenga sus mejores intereses en mente. Asegúrese de hacer muchas preguntas e investigar por sí mismo antes de tomar una decisión.

Otra opción es comprar una póliza directamente de una compañía de seguros. Muchas de estas ofrecen herramientas en línea que permiten comparar pólizas y precios. También puede llamar a la compañía de seguros directamente para hacer preguntas y obtener más información sobre sus pólizas.

También puede usar una herramienta de búsqueda de planes de Medicare para comparar las pólizas Medigap. Estas herramientas están disponibles en el sitio web de Medicare y le permite ingresar su ubicación, edad u otra información para ver una lista de pólizas disponibles. Esta puede ser una gran manera de comparar pólizas y precios de múltiples compañías en un solo lugar. Es importante tener en cuenta que no todas las compañías de seguros ofrecen Pólizas Medigap en todos los estados. Asegúrese de verificar si las pólizas de Medigap están disponibles en su estado antes de comenzar su búsqueda.

Cuando esté listo para comprar una póliza, hay algunas cosas que debe tener en cuenta. Primero, asegúrese de que se está inscribiendo durante un período de inscripción abierta y que tiene un derecho de emisión garantizada. Esto le garantizará que pueda comprar una póliza sin que se le niegue o le cobren de más debido a condiciones preexistentes. En segundo lugar, comparar pólizas de múltiples compañías le ayudará a encontrar la mejor opción para su necesidades y presupuesto. Finalmente, lea la póliza cuidadosamente antes de registrarse para asegurarse de que comprende los costos y beneficios.

Cambiar para mejorar: cambiando su seguro Medigap

Es posible cambiar de póliza Medigap, pero hay ciertas condiciones que deben cumplirse. Las circunstancias que te permiten cambiar las pólizas de Medigap varían según el estado a donde reside, por lo que es importante verificar las reglas que se aplican en su estado. En la mayoría de lugares se puede cambiar su póliza Medigap en cualquier momento. Sin embargo, si desea cambiar a una nueva póliza que requiera chequeo médico, es posible que se le niegue la cobertura o se le cobre una prima más alta según sus condiciones coexistentes.

Estas son algunas situaciones en las que puede cambiar su póliza de Medigap sin estar sujeta a un chequeo médico:

- Está en su período de inscripción abierta de Medigap. Esto es un período de seis meses que comienza cuando usted tiene 65 años o más y está inscrito en la Parte B de Medicare. Durante este período, usted tiene un derecho de emisión garantizada para comprar cualquier Póliza Medigap vendida en su estado. Las compañías de seguros no le pueden negar cobertura o cobrarle más por condiciones preexistentes.

- Usted tiene derecho de emisión garantizada. Hay una serie de situaciones que desencadenan un derecho de emisión garantizado, como perder la cobertura de salud patrocinada por su empleador, mudarse fuera del área de servicio de su plan Medigap, o su aseguradora se declara en bancarrota.

- Está dentro del período de prueba gratuito de 30 días. Si recientemente compró una póliza Medigap, tiene 30 días para decidir si quieres conservarlo. Si decide cambiar a otra póliza, puede hacerlo sin estar sujeto a revisión médica.

En algunos estados, existen situaciones adicionales que le permiten cambiar las pólizas de Medigap sin estar sujeto a chequeos médicos, por ejemplo, algunos estados tienen un período de inscripción abierto anual que le permite cambiar de póliza independientemente de tu estado de salud.

Si decide cambiar las pólizas de Medigap, hay algunas cosas importantes a tener en cuenta. Primero, nunca debe cancelar su antigua póliza hasta que haya sido aprobado para la nueva. Esto asegurará que no tenga una interrupción en la cobertura. En segundo lugar, debe tener en cuenta que es posible que deba pagar dos primas por un corto período de tiempo si cambia de póliza a mitad de mes. Por ejemplo, si su póliza anterior finaliza el día 15 del mes y su nueva póliza comienza el 1 del mes siguiente, tendrá que pagar las primas de ambas pólizas para las dos semanas en el medio.

Por último, asegúrese de darse una vuelta y comparar pólizas antes de tomar una decisión. Las pólizas Medigap pueden variar en precio, por lo que es importante encontrar una que se ajuste a su presupuesto y cubra los beneficios que necesita.

No se deje atrapar: ¿cómo revisar su póliza Medigap?

Cuando se trata de Medigap, también conocido como Seguro Suplementario de Medicare, es importante revisar su póliza anualmente para asegurarse de que todavía satisface sus necesidades. Esto es lo que necesita saber para revisar su póliza de Medigap.

Primero, comprenda que las pólizas de Medigap están estandarizadas, lo que significa que los beneficios ofrecidos por cada póliza son los mismos en todas las compañías de seguros. Por ejemplo, si tiene un Plan Medigap F con una compañía de seguros, los beneficios del Plan F serán los mismos con cualquier otra compañía de seguros que ofrezca el Plan F. Dicho esto, el costo de su póliza puede variar entre las compañías de seguros. Es importante comparar el costo de su póliza actual con otras pólizas en su área para asegurarse de que está obteniendo el mejor precio por la cobertura que necesita. Al revisar su póliza, tome nota de cualquier cambio que pueda haber ocurrido en su salud o necesidades de atención médica. Por ejemplo, si usted ha desarrollado una nueva condición de salud o ha recibido nuevos medicamentos recetados, es posible que deba ajustar su cobertura en consecuencia.

También es importante revisar la cobertura de servicios de su póliza tales como atención de enfermería especializada, atención médica domiciliaria y cuidados paliativos. Si tiene una afección preexistente, como diabetes o problemas cardíacos, es posible que necesite más cobertura para estos servicios. Otro aspecto importante a considerar al revisar la póliza Medigap es la estabilidad financiera de la compañía de seguros. Quiere asegurarse de que la compañía de seguros tiene una sólida posición financiera, ya que esto puede afectar su capacidad para pagar reclamos en el futuro. Cuando considere cambiar su póliza, asegúrese de entender las reglas sobre el cambio de políticas. Por ejemplo, usted puede necesitar someterse a un chequeo médico, lo que podría afectar sus posibilidades para cambiar a una póliza diferente.

En general, es importante revisar su póliza Medigap anualmente para asegurarse de que sigue satisfaciendo sus necesidades y para comparar el costo de su póliza actual con otras pólizas en su área. Al hacerlo, puede estar seguro de que está obteniendo la mejor cobertura al mejor precio.

CAPÍTULO 6:

Elegir un plan de Medicare Advantage sin compararlo con el Medicare Original

L os planes Medicare Advantage, también conocidos como la parte C de Medicare, brindan una alternativa a la cobertura tradicional de Medicare. Un dato importante es que son ofrecidos por compañías de seguros privadas, son aprobados por Medicare y brindan toda la cobertura incluida en las Partes A y B, así como beneficios adicionales como atención de la vista, dental y auditiva.

Una de las características clave de los planes Medicare Advantage es que operan en un sistema basado en la red lo que significa que tienen un grupo de médicos, hospitales y otros proveedores de atención médica que usted puede utilizar. Al mantenerse dentro de la red, usted puede recibir atención a un costo más bajo que fuera de la red. Es decir, si elige consultar a un proveedor fuera de la red, es posible que deba pagar más de su bolsillo.

Otro aspecto importante de los planes Medicare Advantage es que a menudo incluyen cobertura de medicamentos recetados que no están incluidos en la cobertura tradicional de Medicare. Esto significa que puede obtener toda su cobertura de atención médica en un sólo plan, lo que puede ser más conveniente y rentable que inscribirse en varios planes.

Existen diferentes tipos planes de Medicare Advantage como, por ejemplo, los planes de Organización para el Mantenimiento de la Salud (HMO) y Organización de Proveedores Preferidos (PPO). Los planes HMO generalmente requieren elegir un médico de atención primaria y recibir referencias cuando requiera ver a algún especialista. Por el contrario, los planes PPO le permiten ver a cualquier proveedor dentro de la red sin presentar una referencia médica.

Para inscribirse en un plan Medicare Advantage, primero debe estar inscrito en las *Partes A y B de Medicare*. Puede seleccionar un plan durante el período de inscripción anual que va del 15 de octubre al 7 de diciembre de cada año. Algunas personas también pueden ser elegibles para un período de inscripción especial si experimentan un evento de vida que lo califique como mudarse a un nuevo estado o perder su cobertura de atención médica actual.

Revisar su plan de Medicare Advantage cada año durante el período de inscripción anual es esencial ya que los planes pueden cambiar su cobertura y costos anualmente. Al revisar su plan, usted puede asegurarse de tener la cobertura que necesita y de pagar sólo lo que es necesario para su atención médica.

En resumen, los planes Medicare Advantage ofrecen una alternativa a la cobertura tradicional de Medicare brindando beneficios adicionales como cobertura de medicamentos recetados y atención médica basada en la red. Es importante revisar su plan anualmente y asegurarse de tener la cobertura que necesita para sus necesidades de atención médica.

De primas a beneficios: una guía para los planes de Medicare Advantage

Los planes Medicare Advantage, también conocidos como Medicare Parte C, ofrecen una forma diferente de recibir los beneficios de Medicare. A diferencia del Medicare tradicional, que es administrado por el gobierno federal, las compañías de seguros privadas ofrecen planes Medicare Advantage. Estos no sólo deben proporcionar los mismos beneficios de Medicare original, sino que también puede ofrecer beneficios adicionales, como servicios dentales, de la vista y cobertura de medicamentos recetados.

El costo es una de las cosas más importantes a considerar al elegir un Medicare Advantage.

La mayoría de los planes tienen una prima mensual además de la prima de la Parte B que paga por el plan Medicare Original, sin embargo, algunos tienen una prima de $0 en cuyo caso no tendría que pagar nada extra.

Además de la prima mensual, los planes Medicare Advantage tienen costos compartidos, como deducibles, copagos y coaseguros. Todos ellos varían según el plan, por lo que es esencial revisar los beneficios y costos compartidos de éste antes de inscribirse. Por ejemplo, algunos planes pueden tener un costo compartido más bajo, pero primas más altas.

Los planes Medicare Advantage también ofrecen beneficios adicionales que Medicare original no cubre. Por ejemplo, muchos de éstos incluyen cobertura de medicamentos recetados lo que le permite ahorrar dinero en sus medicinas.

Otros planes pueden ofrecer cobertura dental, de la vista o auditiva, lo que puede ser esencial para mantener su salud y bienestar general.

Al comparar los planes Medicare Advantage, es importante mirar más allá de la prima y costos compartidos. Usted también debería considerar los beneficios que ofrece cada plan y la red de proveedores. Algunos podrían tener una red más completa de proveedores mientras que otros pueden ser más limitados. Si tiene médicos u hospitales específicos que desea continuar visitando, debe de asegurarse de que estén incluidos en la red del plan.

También es importante revisar el formulario de medicamentos del plan, que es una lista de fármacos cubiertos por el mismo. Si usted toma medicamentos regularmente, usted debería de asegurarse de que estén incluidos en el formulario o de que haya alternativas similares disponibles.

Otra cosa importante a considerar es si el plan ofrece cobertura fuera de la red. Algunos planes pueden tener reglas estrictas relacionadas con visitas a proveedores que no están en la red, mientras que otros pueden ofrecer más flexibilidad. Si viaja con frecuencia o tiene una segunda casa en otro estado, debe asegurarse de que la cobertura del plan satisfará sus necesidades.

Los planes Medicare Advantage pueden ofrecer beneficios adicionales y costos más bajos en comparación con Medicare original. Sin embargo, revisar los beneficios, los costos compartidos y la red de proveedores del plan es esencial para garantizar ellos satisfagan sus necesidades. Puede comparar planes en su área utilizando la herramienta buscadora de planes de Medicare o hablar con un agente de seguros autorizado para obtener asesoramiento personalizado sobre cómo elegir un plan.

Puede comparar planes en su área usando el Plan Medicare Finder o hable con un agente de seguros con licencia para obtener asesoramiento personalizado sobre cómo elegir un plan.

Un desglose de los Planes Medicare Advantage.

Los planes Medicare Advantage (MA), o la Parte C de Medicare, ofrecen una forma alternativa de recibir los beneficios de Medicare. En lugar de recibirlos directamente del gobierno, los planes MA son ofrecidos por compañías de seguros privadas con contratos con Medicare.

Uno de los factores más importantes a considerar al elegir un plan MA es el tipo de plan. Hay varios tipos de planes MA, cada uno con características y beneficios únicos.

1. Organización para el Mantenimiento de la Salud (HMO): los planes HMO generalmente requieren que elija un médico de atención primaria (PCP) que coordinará todas sus necesidades de atención médica. Debe consultar a proveedores de atención médica dentro de la red del plan y es posible que

necesite una remisión de su PCP para ver a un especialista.

2. Organización de proveedores preferidos (PPO): los planes PPO le permiten consultar a cualquier proveedor de atención médica que desee, pero generalmente pagará menos si consulta a proveedores dentro de la red del plan. No necesita una referencia para ver a un especialista.

3. Pago por servicio privado (PFFS): los planes PFFS le permiten ver a cualquier proveedor de atención médica que acepte los términos y condiciones de pago del plan. Los proveedores pueden aceptar o negarse a tratar pacientes bajo el plan, por lo que debe consultar a su proveedor antes de programar una cita.

4. Planes para Necesidades Especiales (SNP): Los planes SNP están diseñados para personas con condiciones de salud específicas como diabetes o

enfermedades del corazón. Estos planes están hechos para satisfacer las necesidades de atención médica específicas de los miembros a los que atienden.

5. Cuenta de Ahorros Médicos (MSA): Los planes MSA combinan un plan de salud con deducible alto con una cuenta de ahorros. El plan deposita dinero en la cuenta, que puede usar para pagar los gastos de atención médica.

6. Punto de servicio HMO (HMO-POS): los planes HMO-POS son un híbrido de los planes HMO y PPO. Debe elegir un PCP, pero puede ver proveedores fuera de la red del plan si su PCP lo remite a ellos.

Cada tipo de plan tiene sus ventajas y desventajas, por lo que es fundamental tener en cuenta sus necesidades y preferencias de atención médica al elegir un plan. También debe revisar la red de proveedores, beneficios y costos del plan para asegurarse de que sea adecuado para usted.

En general, los planes Medicare Advantage pueden ser una excelente opción para quienes desean beneficios adicionales y más flexibilidad en su cobertura de atención médica. Al comprender los diferentes tipos de planes disponibles y comparar sus opciones, puede encontrar un plan que satisfaga sus necesidades de atención médica y se ajuste a su presupuesto.

¿Quién califica para la cobertura de Medicare Advantage?

Para ser elegible para un plan Medicare Advantage, debe cumplir con los siguientes criterios:

1. Debe estar inscrito tanto en la Parte A como en la Parte B de Medicare.

2. Sería útil si viviera en el área de servicio del plan Medicare Advantage en el que desea inscribirse.

3. Con algunas excepciones, no puede tener enfermedad renal en etapa terminal (ESRD).

Una vez que esté inscrito en un plan Medicare Advantage, seguirá pagando su prima mensual de la Parte B. Además, es posible que tenga una prima para su plan Medicare Advantage, según el plan elegido. La prima de un plan Medicare Advantage puede variar ampliamente según el plan y la compañía de seguros que lo ofrece.

Medicare Advantage y medicamentos recetados

La mayoría de los planes Medicare Advantage incluyen cobertura de medicamentos recetados, también conocida como Medicare Parte D. Esta cobertura puede variar entre los planes, por lo que es importante revisar cuidadosamente los detalles de cada plan al elegir el adecuado para usted. Los planes pueden tener diferentes formularios, una lista de medicamentos que cubre el plan. Los formularios pueden cambiar anualmente, por lo que es importante verificar el formulario de su plan para asegurarse de que sus recetas estén cubiertas.

Si toma medicamentos recetados asegúrese de que su plan elegido los cubra. Los planes Medicare Advantage suelen tener un formulario que enumera los medicamentos que están cubiertos por el plan. Antes de inscribirse en un plan, verifique que los medicamentos que toma estén incluidos en el formulario, de lo contrario, es posible que deba buscar un plan diferente o pagar sus medicamentos de su bolsillo.

Además del formulario, deberá ver los costos de medicamentos recetados del plan. Estos pueden incluir primas, deducibles, copagos y coaseguros. Comparar estos costos con sus gastos actuales de medicamentos es vital para determinar si un plan Medicare Advantage es adecuado para usted.

Los planes Medicare Advantage que incluyen cobertura de medicamentos recetados también pueden tener diferentes montos de copago según el medicamento. Por ejemplo, un medicamento genérico puede tener un copago más bajo que uno de marca. Asegúrese de comprender la estructura de copago del plan antes de inscribirse.

También es importante tener en cuenta que si se inscribe en un plan Medicare Advantage con cobertura de medicamentos recetados, se cancelará automáticamente su inscripción en cualquier plan de la Parte D de Medicare existente que pueda tener. Esto es para evitar la cobertura duplicada y garantizar que sólo reciba una fuente de cobertura de medicamentos recetados.

Si elige inscribirse en un plan Medicare Advantage sin cobertura de medicamentos recetados, es posible que pueda inscribirse en un plan separado de la Parte D de Medicare para cubrir sus necesidades de medicamentos recetados. Sin embargo, es de suma relevancia tener en cuenta que no puede tener simultáneamente un plan Medicare Advantage y un plan independiente de la Parte D de Medicare.

En conclusión, los planes Medicare Advantage pueden ser una excelente opción para aquellos que buscan beneficios adicionales más allá del Medicare Original, incluida la cobertura de medicamentos recetados. Sin embargo, es esencial revisar cuidadosamente el formulario del plan y los costos de medicamentos recetados antes de inscribirse para asegurarse de que el plan cubra los medicamentos que necesita y que los precios sean razonables para su presupuesto.

Dominar los requisitos de la red del plan Medicare Advantage: consejos y trucos.

Un factor clave a considerar al seleccionar un plan Medicare Advantage son los requisitos de la red. Las compañías de seguros privadas ofrecen planes Medicare Advantage y tienen sus propias redes de médicos, hospitales y otros proveedores de atención médica.

En la mayoría de los casos, los planes Medicare Advantage tienen una red de proveedores que se recomienda a los miembros que utilicen para recibir atención al menor costo posible. Estas redes pueden ser una organización de proveedores preferidos (PPO), una organización de mantenimiento de la salud (HMO) o un plan de punto de servicio (POS).

Antes de inscribirse en un plan Medicare Advantage, es esencial comprender los requisitos de la red y los tipos de proveedores incluidos en la red del plan. Aquí hay algunas cosas a considerar:

1. Las HMO generalmente tienen los requisitos de red más restrictivos. Si elige un plan HMO, es posible que deba seleccionar un médico de atención primaria (PCP) de la red del plan, y necesitará una remisión de su PCP para ver a un especialista.

2. Por lo general, las PPO son más flexibles que las HMO. Con un PPO, no es necesario que elija un

PCP; puede consultar a cualquier proveedor de la red del plan. Es posible que pueda consultar a proveedores fuera de la red, pero es probable que pague costos de desembolso más altos.

3. Los planes POS son una combinación de HMO y PPO. Es posible que deba elegir un PCP, pero también puede ver proveedores fuera de la red a un costo más alto.

4. Algunos planes de Medicare Advantage pueden incluir una red de proveedores basada en la ubicación geográfica. Esto significa que puede estar limitado a ver proveedores dentro de un área en particular, lo que podría ser una preocupación si viaja con frecuencia.

5. Considere si sus médicos y proveedores de atención médica actuales están en la red del plan. Si tiene una relación sólida con sus proveedores de atención

médica actuales, elija un plan que los incluya en la red.

6. Algunos planes de Medicare Advantage pueden incluir beneficios adicionales como cobertura dental o de la vista. Sin embargo, es posible que estos beneficios solo estén disponibles a través de los proveedores de la red del plan.

En general, es esencial revisar cuidadosamente los requisitos de la red de cualquier plan Medicare Advantage que esté considerando. Asegúrese de comprender los tipos de proveedores incluidos en la red, las restricciones para acceder a la atención y los beneficios adicionales disponibles. Con esta información, puede decidir qué plan Medicare Advantage es adecuado para usted.

CAPÍTULO 7:

No considerar sus necesidades de salud y presupuesto al escoger la cobertura de Medicare

C umplir 65 años es un hito importante en la vida que marca la transición a la elegibilidad para Medicare. Para muchas personas éste puede ser un proceso confuso y abrumador, pero no tiene que ser así. Con algo de conocimiento y orientación usted podrá sentirse seguro al tomar decisiones informadas sobre su cobertura de Medicare.

Medicare es un programa de seguro de salud federal que cubre a personas de 65 años o más, así como a aquellos con discapacidades específicas o con enfermedad renal en etapa terminal. Medicare se divide en diferentes partes que cubren varios servicios siendo esencial comprender cada parte y lo que cubre.

La Parte A brinda la atención hospitalaria para pacientes internados, el cuidado de enfermería especializada, el tratamiento en un hospicio y los servicios de atención médica en el hogar. La mayoría de las personas no tienen que pagar una prima por la Parte A si ellos o su cónyuge han contribuido al Seguro Social durante al menos diez años.

La Parte B cubre visitas al médico, servicios ambulatorios y algunos cuidados preventivos. Tiene que pagar una prima por la Parte B y el monto depende de sus ingresos. También tiene que costear un deducible y un coaseguro.

La Parte C también se conoce como Medicare Advantage. Los planes Medicare Advantage son ofrecidos por compañías de seguros privadas que tienen contrato con Medicare. Estos planes deben cubrir todo lo que cubre

Medicare Original (Partes A y B), pero también podrían brindar beneficios adicionales como atención de la vista y dental. Los planes de Medicare Advantage pueden tener costos y reglas diferentes a los de Medicare Original, por lo que es esencial investigar y comparar planes para encontrar el adecuado para usted.

La Parte D cubre los medicamentos recetados. Al igual que la Parte B, tiene que pagar una prima por la Parte D y la cantidad que paga depende de sus ingresos. También tiene que pagar un deducible y un coaseguro.

Se le inscribirá automáticamente en las Partes A y B si ya está recibiendo beneficios del Seguro Social cuando cumpla 65 años. Sin embargo, aún tiene la opción de inscribirse en un plan Medicare Advantage o en un plan de la Parte D si así lo desea. Debe inscribirse en Medicare usted mismo si no está recibiendo beneficios del Seguro Social.

El Período de Inscripción Inicial para Medicare comienza tres meses antes de cumplir 65 años y finaliza tres meses después del mes de su cumpleaños. Si no se inscribe durante este período, es posible que deba pagar una multa por inscripción tardía.

Es importante recordar que Medicare no cubre todo. Hay algunos servicios, como la atención a largo plazo, que Medicare no cubre. Considere un seguro adicional, como una póliza Medigap o un seguro de atención a largo plazo, para cubrir estos servicios.

En conclusión, cumplir 65 años puede ser desalentador, pero con el conocimiento y la orientación adecuados, puede ser una transición sin problemas hacia la elegibilidad para Medicare. Comprender las diferentes partes de Medicare y su cobertura, los períodos de inscripción y las opciones de seguros adicionales, pueden ayudarlo a tomar decisiones informadas sobre su cobertura de atención médica.

Evite las colas: regístrese en Medicare en línea

A medida que se acerca a los 65 años, debe comenzar a considerar inscribirse en Medicare. Una de las formas más convenientes de inscribirse es a través del proceso de solicitud en línea de la Administración del Seguro Social.

Para comenzar, visite el sitio web de la SSA en www.ssa.gov. En la página de inicio, verá un enlace a "Solicitar Medicare únicamente". Haga clic en este enlace para comenzar el proceso de solicitud en línea.

Se le harán una serie de preguntas sobre usted, su historial laboral y su elegibilidad para Medicare. Asegúrese de tener su número de Seguro Social y otra información relevante cuando presente la solicitud.

Uno de los beneficios de presentar la solicitud en línea es que el proceso es rápido y conveniente. Puede completar la solicitud desde la comodidad de su hogar y no tendrá que esperar en largas filas ni lidiar con el papeleo.

Además, si realiza la solicitud en línea, podrá ver el estado de su solicitud y obtener actualizaciones sobre el progreso de su inscripción. Esto puede ayudarlo a mantenerse al tanto de su inscripción en Medicare y garantizar que esté completamente cubierto de inmediato.

También puede solicitar Medicare en persona en su oficina local del Seguro Social, por teléfono o por correo. Sin embargo, la solicitud en línea suele ser la opción más rápida y sencilla para muchas personas.

En general, inscribirse en Medicare es un paso importante en su proceso de atención médica e inscribirse en línea es una manera conveniente y sin complicaciones al comenzar. Entonces, si se acerca a los 65 años, explore el proceso de solicitud en línea y aproveche esta forma simple y conveniente de inscribirse en Medicare.

El precio de la procrastinación: comprensión de las sanciones por inscripción tardía

Si está por cumplir 65 años o está a punto de jubilarse, es fundamental que se asegure de inscribirse en Medicare a tiempo para evitar multas por inscripción tardía. Pero, ¿qué sucede si no cumple con la fecha límite o no se inscribe a tiempo? ¿Cuánto le costará?

La respuesta es que depende en qué parte de Medicare se esté inscribiendo y qué tan tarde se esté inscribiendo. Esto es lo que necesita saber:

Multas por inscripción tardía para la Parte A de Medicare

Medicare Parte A cubre hospitalizaciones, centros de enfermería especializada, cuidados paliativos y atención médica domiciliaria. Si es elegible para la Parte A sin prima, debe inscribirse tan pronto como sea elegible para evitar multas.

Si no es elegible para la Parte A sin prima, aún puede inscribirse, pero debe pagar una prima mensual. Si no se inscribe en la Parte A cuando es elegible por primera vez, es posible que deba pagar una multa por inscripción tardía. La multa es del 10 % de la prima actual, que se aplica por el doble de los años en que retrasó la inscripción.

Por ejemplo, si es elegible para la Parte A en 2022 pero no se inscribe hasta 2024, pagará la multa durante cuatro años, que es el 40 % de la prima actual. La multa se agregará a su prima mensual siempre que tenga cobertura de la Parte A.

Llegar tarde a la fiesta: las consecuencias de retrasar la inscripción en la Parte B de Medicare

La Parte B de Medicare cubre visitas al médico, atención ambulatoria, servicios preventivos y algunos equipos médicos. Si es elegible para la Parte B, inscríbase cuando sea elegible por primera vez para evitar una multa por inscripción tardía.

La multa por inscripción tardía en la Parte B es del 10% de la prima por cada 12 meses; podría haber tenido la Parte B, pero no se inscribió. Por ejemplo, si pudo haberse inscrito en 2019 pero no se inscribió hasta 2022, pagaría una multa del 30 % de la prima actual. La multa se agrega a su prima mensual siempre que tenga cobertura de la Parte B.

Habría una excepción a la sanción si se retrasó en la inscripción porque estaba cubierto por un plan de salud grupal a través de su empleador o el empleador de su cónyuge. En este caso, usted tiene un período de inscripción especial que le permite inscribirse en la Parte B sin penalización una vez que termine su cobertura.

El costo de la inacción: multas por inscripción tardía y la Parte D

Medicare Parte D es la cobertura de medicamentos recetados que se ofrece a través de compañías de seguros privadas. Si no se inscribe en un plan de la Parte D cuando es elegible por primera vez, es posible que deba pagar una multa por inscripción tardía si no tiene una cobertura acreditable de medicamentos recetados durante más de 63 días.

La multa se calcula multiplicando el 1% de la prima base nacional del beneficiario por los meses que estuvo sin cobertura acreditable. La prima base nacional del beneficiario cambia cada año, pero la multa mensual suele ser de alrededor de $33.

Tendrá que pagar la multa mientras tenga la cobertura de la Parte D y se agregará a su prima mensual.

Plan para evitar sanciones por inscripción tardía

La mejor manera de evitar multas por inscripción tardía es inscribirse en Medicare cuando sea elegible por primera vez. Si no cumple con la fecha límite, aún puede inscribirse durante el Período de inscripción general, que se extiende desde el 1 de enero hasta el 31 de marzo de cada año. Sin embargo, su cobertura comenzará el 1 de julio y es posible que deba pagar multas por inscripción tardía.

Si no está seguro de cuándo debe inscribirse o necesita ayuda para inscribirse, puede comunicarse con su oficina local del Seguro Social o con un agente de seguros autorizado de Medicare para recibir orientación. Ellos pueden ayudarlo a comprender sus opciones y evitar multas costosas.

Viajando con Medicare: todo lo que necesita saber sobre los beneficios de viaje

Medicare es un aspecto esencial de la cobertura de atención médica para millones de estadounidenses. Si bien cubre los costos de atención médica dentro de los Estados Unidos, no siempre es tan claro con respecto a la cobertura mientras viaja. Si planea viajar dentro de los Estados Unidos, hay algunas cosas esenciales que debe saber sobre su cobertura de Medicare y viajes.

Primero, hablemos de lo que cubre Medicare. Si tiene Medicare original (Parte A y Parte B), su cobertura dependerá del tipo de atención que necesite y dónde la reciba. En general, Medicare cubre la atención médicamente necesaria en los Estados Unidos, pero existen algunas excepciones. Por ejemplo, si necesita atención de emergencia mientras viaja fuera de los Estados Unidos Medicare puede cubrir algunos costos, pero sólo en determinadas circunstancias.

Si tiene un plan Medicare Advantage su cobertura dependerá del plan elegido. Muchos planes Medicare Advantage ofrecen cobertura para atención de emergencia mientras viaja fuera de los Estados Unidos, pero no todos lo hacen. Es importante revisar la cobertura de su plan antes de viajar para asegurarse de estar cubierto en caso de una emergencia.

Entonces, ¿qué sucede si necesita atención médica mientras viaja y Medicare no la cubre? Es posible que sea responsable del costo total de la atención que podría ser muy cara, por esta razón, es una buena idea considerar un seguro de viaje que incluya cobertura médica. Hay muchos tipos de seguros de viaje disponibles por lo que es esencial leer la letra pequeña y elegir un plan que se ajuste a sus necesidades.

Otra cosa a considerar cuando viaja con Medicare es la cobertura de medicamentos recetados. Si tiene Medicare original, es posible que deba obtener un plan de medicamentos recetados (Parte D) por separado y la cobertura puede estar limitada fuera de los Estados Unidos. Si tiene un plan Medicare Advantage, la cobertura de medicamentos recetados puede estar incluida, pero nuevamente, es esencial verificar la cobertura de su plan antes de viajar.

También es importante tener en cuenta que la cobertura de Medicare no es automática cuando viaja a otros países. Si planea viajar fuera de los Estados Unidos es posible que deba comprar un seguro de viaje adicional que incluya cobertura médica.

Finalmente, es importante saber que Medicare no cubre la atención médica recibida fuera de los Estados Unidos (con algunas excepciones, como la atención de emergencia en Canadá o México). Si planea viajar fuera de los Estados Unidos por un período prolongado, considere comprar un seguro para expatriados que cubra la atención médica en otros países.

En conclusión, si bien es esencial contar con la cobertura de Medicare cuando viaja dentro de los Estados Unidos, es importante comprender los límites de su cobertura y considerar comprar un seguro adicional para la atención médica recibida durante el viaje. Revise la cobertura de su plan y hable con su proveedor antes de viajar para asegurarse de que está cubierto en caso de una emergencia.

Evaluación del desempeño de su plan de Medicare

Al elegir un plan de salud o de medicamentos de Medicare, es importante considerar la calidad del plan. La calidad de éste puede afectar significativamente los resultados de salud de la persona cubierta por el plan. Repasemos cómo revisar la calidad de los planes de salud y medicamentos de Medicare para tomar una decisión informada.

Medicare mide la calidad de los planes de salud y medicamentos según un sistema de clasificación por estrellas. El sistema de clasificación por estrellas califica los planes en una escala de una a cinco estrellas, siendo cinco estrellas la calificación más alta. El sistema de clasificación por estrellas considera varios factores, incluida la satisfacción de los miembros, los resultados de los pacientes y la atención preventiva.

Para revisar la calidad de un plan de salud o de medicamentos de Medicare, comience visitando el Buscador de planes de Medicare. Esta herramienta le permite buscar planes disponibles en su área y compararlos según el costo, la cobertura y la calidad. Cuando encuentre un plan que le interese, haga clic en el nombre del plan para ver los detalles.

Una vez que esté viendo los detalles del plan, desplácese hacia abajo hasta la sección "Calidad del plan". Aquí verá la calificación de estrellas del plan y un desglose de cómo se calificó el plan en cada categoría. Las categorías incluyen:

- Mantenerse saludable: esta categoría incluye servicios preventivos como vacunas contra la gripe y exámenes de detección de cáncer.

- Manejo de condiciones crónicas (a largo plazo): esta categoría incluye medidas de qué tan bien el plan maneja enfermedades comunes como diabetes, presión arterial alta y asma.

- Experiencia del miembro: esta categoría incluye calificaciones de encuestas de miembros del plan sobre su experiencia con el plan.

- Servicio al cliente: esta categoría incluye medidas de qué tan rápido responde el plan las llamadas telefónicas y qué tan bien el plan maneja las quejas.

- Seguridad y precisión de los precios de los medicamentos: esta categoría incluye medidas de qué tan bien el plan maneja los medicamentos recetados.

Revise cada categoría para determinar cómo se desempeñó el plan. Si el plan tiene una calificación de estrellas alta, puede ser una buena opción para usted. Sin embargo, es importante recordar que el sistema de clasificación por estrellas no es el único factor a considerar al elegir un plan.

Al revisar la calidad de un plan de salud o de medicamentos de Medicare, también es importante considerar sus necesidades de salud específicas. Por ejemplo, si tiene una condición crónica, puede elegir un plan que tenga una calificación alta en la categoría "Manejo de condiciones crónicas". Si toma muchos medicamentos recetados, es posible que desee elegir un plan con una calificación alta en la categoría "Seguridad de los medicamentos y exactitud de los precios de los medicamentos".

Además del sistema de clasificación por estrellas, puede revisar la red de proveedores del plan para asegurarse de que los médicos y hospitales que usa estén incluidos en el plan. También puede consultar el formulario de medicamentos del plan para asegurarse de que el plan cubra los medicamentos recetados que toma.

En conclusión, la calidad de un plan de salud o de medicamentos de Medicare puede afectar significativamente los resultados de su salud. Al revisar la calidad de un plan, es importante tener en cuenta la calificación de estrellas de éste y cómo se desempeñó en cada categoría. También es importante tener en cuenta sus necesidades de salud específicas al elegir un plan. Al revisar la calidad de un plan de Medicare, puede tomar una decisión informada que satisfaga mejor sus necesidades de salud.

CAPÍTULO 8:

Fallar en investigar y comparar diferentes planes para necesidades especiales

L os Planes para Necesidades Especiales (SNP) de Medicare están diseñados específicamente para personas con necesidades específicas enfermedades crónicas o discapacidades. Los SNP están destinados a ayudar a las personas a recibir la atención que necesitan para mantenerse saludable y controlar sus enfermedades. Estos planes son gestionados por seguros privados en compañías y ofrecen beneficios adicionales más allá de los disponibles en Medicare Original.

Los SNP están disponibles en los 50 estados y están diseñados específicamente para brindar atención personalizada a personas con condiciones médicas complejas. Hay tres tipos de SNP, cada uno con sus propias características.

1. SNP para afecciones crónicas (C-SNP): este plan es para personas con enfermedades crónicas específicas condiciones médicas. Este SNP proporciona beneficios y cobertura que están destinados a cumplir con las necesidades de las personas con enfermedades crónicas. Algunos ejemplos de condiciones crónicas cubiertas.

Bajo este SNP incluyen enfermedades cardiovasculares, diabetes y enfermedades obstructivas crónicas, enfermedad pulmonar (EPOC).

2. SNP de doble elegibilidad (D-SNP): este plan es para personas elegibles para Medicare y Seguro de enfermedad. Brinda cobertura tanto para servicios de salud como de atención a largo plazo.

3. SNP institucionales (I-SNP): este plan es para personas que residen en un hogar de ancianos, centro de enfermería especializada u otros entornos institucionales. Ofrece atención especializada y servicios para personas que requieren atención a largo plazo.

Cada tipo de SNP brinda beneficios adicionales además de los disponibles en Original Medicare, como servicios de audición, visión y dentales. Algunos planes también pueden ofrecer servicios de transporte, programas de bienestar y servicios de entrega de comidas.

Los SNP también ofrecen servicios de gestión de casos y coordinación de la atención, que pueden ayudar a las personas recibir la atención que necesitan y mejorar su salud en general. Estos servicios pueden incluir ayuda con administrar medicamentos, coordinar citas médicas y conectar a las personas con recursos de la comunidad.

Para inscribirse en un SNP, las personas deben cumplir con criterios de elegibilidad específicos según el tipo de SNP están interesados en unirse. Las personas elegibles para un SNP pueden inscribirse durante la Anual Período de Inscripción o un Período Especial de Inscripción.

Los SNP de Medicare ofrecen atención y servicios especializados a personas con enfermedades crónicas y discapacidades. Pueden ayudar a las personas a recibir la atención necesaria para mantenerse saludables y controlar sus enfermedades. Si usted o alguien que conoce tiene una condición crónica o una discapacidad, puede valer la pena explorar los SNP de Medicare para ver si satisfacen sus necesidades específicas de atención médica.

Planes para necesidades especiales: cuidado de salud a la medida para beneficiarios elegibles

Atención médica personalizada para beneficiarios elegibles planes de necesidades especiales (Special Needs Plans SNP por sus siglas en inglés) es un plan de Medicare Advantage diseñado específicamente para personas con ciertas condiciones de salud crónicas o discapacitantes y aquellos elegibles tanto para Medicare como para Medicaid.

Para ser elegible para SNP, debe cumplir con criterios específicos. Primero, debe tener las Partes A y B de Medicare, lo que significa que tiene al menos 65 años o tiene una discapacidad calificada. En segundo lugar, debe cumplir con los criterios para el tipo específico de SNP en el que desea inscribirse. Hay tres tipos diferentes de SNP, cada uno con sus requisitos de elegibilidad:

1. SNP para afecciones crónicas (C-SNP): este tipo de SNP está diseñado para personas con afecciones crónicas específicas, como diabetes, trastornos cardiovasculares y enfermedad pulmonar obstructiva crónica (EPOC). Para ser elegible para un C-SNP, debe haber sido diagnosticado con una o más de las condiciones del plan.

2. SNP de doble elegibilidad (D-SNP): este tipo de SNP está diseñado para personas elegibles para Medicare y Medicaid. Para calificar para un D-SNP, debe estar inscrito en Medicare y Medicaid y cumplir con los criterios del plan.

3. SNP institucional (I-SNP): este tipo de SNP está diseñado para personas que viven en un asilo de ancianos o requieren atención de enfermería en el hogar.

Si usted cumple con los criterios de elegibilidad para un SNP, puede inscribirse durante el Período de inscripción anual (AEP) o durante un Período de inscripción especial (SEP) si experimenta un evento calificador, como mudarse a una nueva área.

Es importante tener en cuenta que no todas las compañías de seguros ofrecen SNP, por lo que es importante investigar los planes disponibles en su área para ver si hay uno que satisfaga sus necesidades. Además, las estructuras de beneficios y costos compartidos de los planes SNP pueden variar ampliamente, por lo que es importante revisar y comparar cuidadosamente los planes antes de inscribirse.

Elegir el plan de necesidades especiales adecuado para sus necesidades de atención médica

Inscribirse en un Plan para Necesidades Especiales (SNP) de Medicare Advantage es similar a inscribirse en cualquier otro plan de Medicare Advantage. Sin embargo, los requisitos de elegibilidad y los períodos de inscripción pueden ser diferentes.

Para inscribirse en un SNP, debe cumplir con los requisitos de elegibilidad para ese plan en particular. Hay tres tipos de SNP:

1. SNP por condición crónica (C-SNP): para beneficiarios con una condición crónica como diabetes, insuficiencia cardíaca o cáncer.

2. SNP de doble elegibilidad (D-SNP): para beneficiarios elegibles para Medicare y Medicaid.

3. SNP institucional (I-SNP): para beneficiarios que viven en una institución, como un hogar de ancianos o un centro de atención a largo plazo.

Para inscribirse en un SNP, primero debe inscribirse en las Partes A y B de Medicare. Usted debe vivir en el área de servicio del SNP en el que desea inscribirse.

Una vez que haya cumplido con estos requisitos básicos de elegibilidad para un SNP, usted puede inscribirse durante el Periodo Anual de Inscripción(SEP) o durante un Periodo de Inscripción Especial (SEP) si experimenta algún evento que le califique, como pasarse a un área nueva.

Es importante notar que no todas las compañías ofrecen SNP así que es importante investigar los programas que estén disponibles en su área para saber si hay alguno que satisfaga sus necesidades. Adicionalmente, los beneficios y las estructuras de los costos compartidos de los planes SNP pueden variar ampliamente así que es importante revisar cuidadosamente y comparar planes antes de inscribirse.

Escogiendo el Plan de Necesidades Especiales correcto

Inscribirse en un Plan para Necesidades Especiales (SNP) de Medicare Advantage es similar a inscribirse en cualquier otro plan de Medicare Advantage. Sin embargo, los requisitos de elegibilidad y los períodos de inscripción pueden ser diferentes.

Para inscribirse en un SNP, debe cumplir con los requisitos de elegibilidad para ese plan en particular. Hay tres tipos de SNP:

1. SNP de condición crónica (C-SNP): para beneficiarios con una condición crónica como diabetes, insuficiencia cardíaca crónica o cáncer.

2. SNP de doble elegibilidad (D-SNP): para beneficiarios que son elegibles tanto para Medicare como para Medicaid.

3. SNP institucional (I-SNP): para beneficiarios que viven en una institución, como un hogar de ancianos o un centro de atención a largo plazo.

Para suscribirse en un SNP, debe hacerlo primero en las Partes A y B de Medicare. También debe vivir en el área de servicio del SNP en el que desea inscribirse.

Una vez que haya cumplido con estos requisitos básicos de elegibilidad, puede inscribirse en un SNP durante ciertos períodos de inscripción. El Período de Inscripción Inicial (IEP) para los planes Medicare Advantage es el lo mismo que para Medicare Original, que es el período de siete meses que comienza tres meses antes de que cumpla 65 años, incluye el mes en que cumple 65 años y termina tres meses después de eso.

Sin embargo, si tiene una condición crónica o vive en una institución, puede ser elegible para un Período Especial de Inscripción (SEP). Este SEP le permite inscribirse en un SNP fuera del período de inscripción regular.

También puede cambiar su SNP durante el Período de inscripción anual (AEP) del 15 de octubre al 7 de diciembre de cada año. Durante este tiempo, puede cambiar de un SNP a otro o cambiar de un SNP a un plan Medicare Advantage diferente o volver a Medicare Original.

Para inscribirse en un SNP, puede comunicarse directamente con el plan, llamar al 1-800-MEDICARE o usar la herramienta Buscador de planes de Medicare en el sitio web de Medicare.

Es importante revisar detenidamente los beneficios y costos del SNP antes de inscribirse para asegurarse de que satisfaga sus necesidades de atención médica específicas. Algunos SNP pueden tener beneficios y servicios adicionales que no están disponibles en los planes tradicionales de Medicare o Medicare Advantage, como la coordinación de la atención y los programas de control de enfermedades.

En resumen, inscribirse en un SNP requiere cumplir con los requisitos de elegibilidad y registrarse durante el período de inscripción correspondiente. Es esencial revisar los beneficios y costos del plan para asegurarse de que satisfaga sus necesidades de atención médica específicas.

Planes de necesidades especiales para condiciones crónicas: lo que necesita saber

Las condiciones crónicas como la diabetes, las enfermedades cardiovasculares y la enfermedad pulmonar obstructiva crónica (EPOC) pueden ser difíciles de manejar. Las personas con estas condiciones necesitan cuidados y atención especializados para mantenerse saludables y prevenir complicaciones.

Los planes para necesidades especiales (SNP) de Medicare Advantage están diseñados específicamente para personas con enfermedades crónicas. Estos planes ofrecen beneficios, apoyo y servicios personalizados para ayudar a las personas a controlar sus afecciones y mejorar su salud en general.

Para ser elegible para un SNP de condición crónica, las personas deben tener una o más de las siguientes condiciones:

- Diabetes
- Trastornos cardiovasculares (incluyendo insuficiencia cardíaca, enfermedad de las arterias coronarias y enfermedad tromboembólica venosa crónica)
- Trastornos pulmonares crónicos (como EPOC o asma)
- Enfermedad crónica del hígado
- Enfermedad renal crónica

Los SNP para afecciones crónicas brindan un enfoque integral de administración de la atención, que incluye planes de atención personalizados, monitoreo regular y educación. Ofrecen beneficios tales como cobertura de equipo médico, servicios ambulatorios y medicamentos recetados.

Estos planes también pueden proporcionar asesoramiento nutricional adicional, transporte y servicios de salud en el hogar. Los miembros tienen acceso a un equipo de proveedores de atención médica que trabajan juntos para brindar atención coordinada y garantizar que se satisfagan todas sus necesidades médicas.

Inscribirse en un SNP para condiciones crónicas es fácil. Las personas primero deben inscribirse en las Partes A y B de Medicare y luego seleccionar un plan que ofrezca los beneficios necesarios. Los SNP están disponibles a través de compañías de seguros privadas que tienen contrato con Medicare.

Para inscribirse en un SNP para condiciones crónicas, las personas deben cumplir con los requisitos de elegibilidad del plan y vivir en el área de servicio del plan. Una vez inscritos, los miembros reciben un plan de atención personalizado y acceso a un equipo de proveedores de atención médica que trabajan juntos para controlar sus afecciones.

En general, los SNP para afecciones crónicas son una excelente opción para las personas con afecciones crónicas que necesitan cuidados y atención especializados. Brindan beneficios, apoyo y servicios personalizados para ayudar a las personas a controlar sus afecciones y mejorar su salud en general.

Planes para necesidades especiales de doble elegibilidad: lo que necesita saber

El SNP de doble elegibilidad es un plan de necesidades especiales que brinda cobertura de salud a personas elegibles para Medicare y Medicaid. Estos planes están diseñados para brindar beneficios adicionales a las personas con ingresos y recursos limitados y que necesitan ayuda adicional para administrar su atención médica.

Puede inscribirse en un SNP de doble elegibilidad si es elegible para Medicare y Medicaid. Estos planes cubren varios servicios médicos, incluidas visitas al médico, atención hospitalaria, medicamentos recetados, etc. También ofrecen beneficios adicionales como atención dental, atención de la vista y servicios de transporte.

Para inscribirse en un SNP de doble elegibilidad, debe ser elegible tanto para Medicare como para Medicaid, y debe vivir en el área de servicio del plan. Puede inscribirse en un plan en cualquier momento, pero debe ser reevaluado cada año para asegurarse de que aún cumple con los requisitos de elegibilidad.

Uno de los beneficios clave de un SNP de doble elegibilidad es que puede brindarle una atención más personalizada.

Estos planes están diseñados para ayudarlo a administrar sus necesidades de atención médica de manera más efectiva y ofrecen una variedad de servicios y beneficios que se adaptan a sus necesidades específicas.

Por ejemplo, si tiene una afección crónica, como diabetes o enfermedad cardíaca, su SNP de doble elegibilidad puede ofrecer programas y servicios especiales para ayudarlo a controlar su afección. Estos pueden incluir administración de medicamentos, asesoramiento nutricional y otros servicios para ayudarlo a mantenerse saludable.

Otro beneficio significativo de un SNP de doble elegibilidad es que puede ayudarlo a ahorrar dinero en costos de atención médica. Estos planes suelen ofrecer copagos y deducibles más bajos que los planes tradicionales de Medicare, y también pueden brindar beneficios adicionales que Medicare o Medicaid no cubren.

Si es elegible para Medicare y Medicaid y necesita ayuda para administrar su atención médica, un SNP de doble elegibilidad puede ser una buena opción. Estos planes pueden brindar atención más personalizada, beneficios adicionales y costos más bajos, ayudándolo a mantenerse saludable y administrar sus necesidades de atención médica de manera más efectiva.

Navegando por el panorama del plan institucional para necesidades especiales

Los SNP institucionales están diseñados para personas que viven en instituciones como hogares de ancianos, centros de atención a largo plazo y otros entornos. Estos planes se adaptan a las necesidades específicas de esta población y ofrecen varios beneficios que pueden marcar una gran diferencia en la calidad de la atención recibida.

Para ser elegible para un SNP Institucional, debe cumplir con los siguientes requisitos:

- Debe vivir en una institución que califique para la cobertura de Medicare.
- Debe estar inscrito en Medicare Parte A y Parte B.
- Debe tener una afección crónica, una discapacidad o una necesidad de atención médica.

Una vez que cumpla con estos requisitos de elegibilidad, puede inscribirse en un SNP institucional durante el Período de inscripción anual o un Período de inscripción especial si experimenta un evento de vida calificado.

Uno de los beneficios clave de un SNP institucional es que puede brindarle un equipo de atención dedicado a satisfacer sus necesidades específicas. Este equipo de atención puede incluir médicos, enfermeras, trabajadores sociales y otros profesionales de la salud que están especialmente capacitados para trabajar con personas en entornos institucionales.

Además de un equipo de atención dedicado, los SNP institucionales a menudo brindan beneficios adicionales que no están disponibles a través de otros planes de Medicare. Estos beneficios pueden incluir transporte hacia y desde citas médicas, atención dental, atención de la vista, audífonos y más.

Otra ventaja de los SNP institucionales es que pueden ayudarlo a administrar mejor sus costos de atención médica. El costo de la atención en un entorno institucional puede ser muy alto y estos planes pueden ayudar a compensar algunos de esos gastos. Muchos SNP institucionales tienen primas bajas o nulas y, a menudo, tienen copagos y deducibles más bajos que otros planes de Medicare.

En resumen, un SNP institucional puede ser una excelente opción si usted o un ser querido vive en una institución como un hogar de ancianos, un centro de atención a largo plazo o un entorno similar. Estos planes brindan atención personalizada de un equipo dedicado de profesionales de la salud y ofrecen varios beneficios adicionales que pueden ayudarlo a administrar mejor sus costos de atención médica. Si cumple con los requisitos de elegibilidad, considere explorar esta opción durante el período de inscripción de Medicare.

CAPÍTULO 9:

Cómo maximizar sus beneficios de Medicare con el subsidio por bajos ingresos.

Muchas personas descubren que sus costos de atención médica son tan elevados como para poder administrarlos por sí mismos. Esto es especialmente cierto para las personas mayores y para aquellos que tengan discapacidades con ingresos fijos. Afortunadamente, un programa del gobierno puede ayudar a aquellos que necesitan asistencia para pagar su cobertura de medicamentos recetados: el Subsidio por Bajos Ingresos, también conocido como Ayuda Adicional (Extra Help o LIS por sus siglas en ingles para Low Income Subsidy)

¿Qué es la ayuda adicional?

Extra Help es un programa que brinda asistencia financiera a personas con Medicare cuyos ingresos y recursos sean limitados. El programa está diseñado para ayudar a pagar los costos de los medicamentos recetados incluidas las primas mensuales, los deducibles y los copagos.

Requisitos financieros para la elegibilidad de ayuda adicional

Para calificar para la Ayuda Adicional, debe cumplir con ciertos límites de ingresos y recursos. Los límites de ingresos se basan en el Nivel Federal de Pobreza (FPL) y se ajustan anualmente. En 2021, el límite de ingresos es de $19,320 para individuos y $26,130 para parejas casadas que viven juntas. El límite de recursos es de $14,790 para individuos y $29,520 para parejas casadas.

¿Cómo se solicita la ayuda adicional?

Hay varias formas de solicitar la ayuda adicional. Puede presentar su solicitud en línea, por teléfono o por correo. Para solicitar en línea, puede completar la solicitud visitando el sitio web de la Administración del Seguro Social (SSA). También puede llamar a la SSA al 1-800-772-1213 para solicitar por teléfono o solicitar una solicitud en papel por correo.

¿Qué información necesita proporcionar?

Cuando solicite Ayuda Adicional, debe proporcionar información sobre sus ingresos, recursos y medicamentos recetados. Debe proporcionar su número de Seguro Social, información sobre sus ingresos y activos y una lista de sus medicamentos recetados.

¿Cuánta ayuda puede recibir?

La cantidad de ayuda que reciba a través de la Ayuda Adicional dependerá de sus ingresos y recursos. Si califica para la ayuda adicional completa, no pagará primas, deducibles ni copagos por sus medicamentos recetados. Si es elegible para la Ayuda adicional parcial, pagará primas, deducibles y copagos reducidos.

¿Cómo sabe si califica para recibir ayuda adicional?

Si no está seguro de calificar para la Ayuda adicional, puede usar la herramienta en línea Medicare.gov para verificar su elegibilidad. También puede comunicarse con su Programa Estatal de Asistencia con el Seguro Médico (SHIP) para obtener ayuda. Un asesor de SHIP puede ayudarlo a comprender sus opciones y solicitar Ayuda Adicional.

En conclusión, Extra Help es un programa que puede ayudar a las personas con ingresos y recursos limitados a pagar sus medicamentos recetados. Es esencial solicitar la Ayuda adicional si cree que podría ser elegible, ya que puede ahorrarle una cantidad significativa de dinero en sus costos de atención médica.

Descubriendo la asistencia para sus medicamentos recetados de Medicare

Si tiene Medicare y tiene tanto ingresos como recursos limitados, puede calificar para la Ayuda Adicional, también conocida como Subsidio por Bajos Ingresos (LIS por sus siglas en inglés). Este programa ayuda a pagar los costos de sus medicamentos recetados de la Parte D de Medicare como primas, deducibles y copagos.

Para calificar para la Ayuda Adicional, debe cumplir con ciertos límites de ingresos y bienes. Para 2022, los límites de ingresos son:

- $19,140 para individuos
- $25,860 para parejas casadas que viven juntas

Los límites de activos son:

- $14,610 para individuos
- $29,160 para parejas casadas que viven juntas

Puede calificar para la Ayuda Adicional total o parcial si cumple con estos límites de ingresos y bienes. Full Extra Help significa que no paga primas, deducibles ni copagos de la Parte D por sus medicamentos recetados cubiertos. Ayuda Extra Parcial significa que usted paga una cantidad reducida por sus costos de la Parte D. para solicitar ayuda adicional, puede:

1. Solicitar en línea en SSA.gov: puede completar una solicitud de Ayuda Adicional en línea en el sitio web de la Administración del Seguro Social, SSA.gov. La aplicación en línea es fácil de usar y lo guía porque proporciona la información necesaria.

2. Llame al Seguro Social: Puede llamar al Seguro Social al 1-800-772-1213 para solicitar Ayuda Adicional por teléfono. Los usuarios de TTY pueden llamar al 1-800-325-0778.

3. Completar una solicitud en papel: puede descargar e imprimir una solicitud en el sitio web SSA.gov o

solicitar una al Seguro Social y enviarla por correo a la dirección que figura en la solicitud.

Cuando solicita Ayuda Adicional, debe proporcionar información sobre sus ingresos, activos y cobertura actual de medicamentos recetados. También deberá autorizar al Seguro Social para que se comunique con sus instituciones financieras para verificar sus activos.

Una vez que haya solicitado Ayuda Adicional, el Seguro Social revisará su solicitud y le notificará su estado de elegibilidad. Si se le aprueba la Ayuda Adicional, recibirá una carta del Seguro Social explicando su nivel de Ayuda Adicional y los beneficios para los que es elegible.

Una vez que se establezca su elegibilidad para el programa, recibirá una carta de notificación. Esta carta le brindará información sobre sus copagos, primas y deducibles para sus medicamentos recetados. Recuerde que sus beneficios de Ayuda adicional variarán según sus ingresos y recursos.

Una ventaja importante de la Ayuda adicional es que puede cambiar su plan de medicamentos recetados de Medicare en cualquier momento sin penalización. Puede inscribirse en un nuevo plan con costos más bajos o una mejor cobertura si descubre que su plan actual no satisface sus necesidades.

Si necesita ayuda para completar la solicitud de Ayuda Adicional, comuníquese con su Programa Estatal de Asistencia con el Seguro Médico (SHIP por sus siglas en inglés). El SHIP brinda asesoramiento gratuito y confidencial a las personas que necesitan ayuda para comprender sus opciones de Medicare.

Extra Help es un programa valioso que puede reducir significativamente los costos de sus medicamentos recetados si reúne los requisitos. Revise sus opciones y solicite este programa si es elegible.

Es importante tener en cuenta que su estado de Ayuda Adicional puede cambiar cada año, según sus ingresos y niveles de activos. Deberá volver a solicitar la Ayuda Adicional cada año para asegurarse de continuar recibiendo los beneficios para los que es elegible.

Obtener ayuda adicional con los costos de medicamentos recetados de Medicare puede marcar una gran diferencia en su capacidad para pagar los medicamentos que necesita. Si cree que califica para la Ayuda adicional, vale la pena presentar una solicitud para averiguarlo.

Lo que necesita saber sobre los programas de ahorro de Medicare

Medicare es un programa de seguro de salud patrocinado por el gobierno para personas elegibles de 65 años o más, personas con discapacidades y personas con enfermedad renal en etapa terminal. Para algunas personas, las primas de Medicare y los gastos de bolsillo pueden resultar inasequibles. Ahí es donde entran en juego los Programas de Ahorros de Medicare (MSP por sus siglas en inglés). Los

MSP están disponibles para ayudar a los beneficiarios elegibles a pagar sus costos de Medicare.

Hay cuatro tipos de MSP:

1. Beneficiario calificado de Medicare (QMB)

2. Beneficiario de Medicare de bajos ingresos especificado (SLMB)

3. Individuo Calificado (QI)

4. Individuo trabajador discapacitado calificado (QDWI)

Veamos cada uno de estos MSP en detalle.

1. Beneficiario calificado de Medicare (QMB): este MSP ayuda a las personas con ingresos y recursos limitados a pagar sus primas, deducibles, coaseguros y copagos de Medicare. QMB cubre Medicare Parte A (Seguro de hospital) y Parte B (Seguro médico). Si califica para QMB, se le inscribirá automáticamente

en la Ayuda Adicional, que asiste para pagar su cobertura de medicamentos recetados de Medicare.

2. Beneficiario de Medicare de bajos ingresos especificados (SLMB): SLMB es un MSP que sólo paga las primas de la Parte B de Medicare. Si califica para SLMB, debe pagar las primas de la Parte A. SLMB ayuda a las personas con niveles de ingresos ligeramente más altos que QMB. No se puede estar inscrito en QMB y SLMB simultáneamente.

3. Individuo Calificado (QI): El programa QI es un MSP que sólo paga las primas de la Parte B de Medicare. Está disponible para personas con niveles de ingresos ligeramente más altos que SLMB. No puede estar inscrito en QMB y QI simultáneamente.

4. Individuo trabajador discapacitado calificado (QDWI): QDWI es un MSP que ayuda a las personas discapacitadas que trabajan a pagar sus primas de la

Parte A de Medicare. Debe cumplir con requisitos específicos para ser elegible para este programa.

Para ser elegible para cualquiera de estos MSP, debe cumplir con los siguientes criterios:

- Debe tener Medicare Parte A y Parte B
- Debe tener ingresos y recursos limitados
- Debe vivir en el estado a donde está solicitando

Cada MSP tiene diferentes límites de ingresos y recursos, que pueden variar según el estado. Puede consultar con la oficina de Medicaid de su estado para determinar si califica para algún MSP.

Para solicitar un MSP, debe completar una solicitud y proporcionar documentación que demuestre sus ingresos y recursos. Puede solicitar un MSP en su oficina local del Seguro Social, por correo o en línea. También puede llamar al Seguro Social para solicitar una aplicación.

Los MSP son una excelente manera de ayudar a las personas con ingresos y recursos limitados a pagar sus costos de Medicare. Si cree que podría ser elegible para un MSP, comuníquese con la oficina estatal de Medicaid o del Seguro Social para comenzar. Recuerde que los límites de ingresos y recursos varían según el estado, por lo que es esencial consultar con el estado en el que vive para ver si califica.

Programas de subsidios para personas de bajos ingresos: comprendiendo sus opciones

Para las personas con ingresos y recursos limitados, puede no ser fácil pagar los costos de atención médica, incluida la cobertura de medicamentos recetados de Medicare. Afortunadamente, un programa llamado Subsidio por bajos ingresos, también conocido como Ayuda Adicional (Extra Help), ayuda a cubrir los costos de los medicamentos recetados para quienes califican. Además, hay un Período de Elección Especial disponible para aquellos que califican para la Ayuda Adicional, lo que les permite inscribirse o cambiar su plan de medicamentos recetados de Medicare fuera de los períodos de inscripción normales.

Para calificar para la Ayuda Adicional, debe cumplir con ciertos límites de ingresos y activos. Los límites exactos varían según sus circunstancias, pero generalmente debe tener un ingreso por debajo de cierto nivel y activos limitados. La Ayuda adicional puede cubrir parte o la totalidad de sus primas mensuales, deducible anual y copagos de medicamentos recetados si calificas.

Una vez aprobado para la Ayuda Adicional, puede usar el Período de Elección Especial para inscribirse o cambiar su plan de medicamentos recetados de Medicare. Este período está disponible una vez por trimestre natural (enero-marzo, abril-junio, julio-septiembre y octubre-diciembre) y tiene una duración de dos meses completos. Puede inscribirse en un nuevo plan, cambiar a uno diferente o cancelar su inscripción en el actual.

Debe tener en cuenta que solo puede usar el Período de elección especial para los planes de medicamentos recetados de Medicare. Si desea cambiar otras partes de su cobertura de Medicare, debe esperar hasta el Período de inscripción anual, que ocurre cada año del 15 de octubre al 7 de diciembre.

Debe comunicarse con Medicare o con el plan de medicamentos recetados de Medicare elegido para usar el Período de elección especial. Debe proporcionar prueba de su elegibilidad para la Ayuda Adicional, como una carta del Seguro Social o Medicaid antes de poder inscribirse o hacer cambios en su plan. También puede comunicarse con su Programa Estatal de Asistencia sobre Seguros de Salud (SHIP) para obtener ayuda en la navegación del proceso.

Aprovechar el Período de Elección Especial es esencial si es elegible para la Ayuda Adicional. Al inscribirse en un plan de medicamentos recetados de Medicare o cambiarse a un plan que satisfaga mejor sus necesidades, puede ahorrar en costos de medicamentos recetados y asegurarse de obtener la cobertura que necesita para mantenerse saludable.

¿Cómo obtener la ayuda adicional que necesita para los medicamentos recetados de Medicare?

Si tiene ingresos y recursos limitados puede calificar automáticamente para la Ayuda Adicional, también conocida como el programa de Subsidio por Bajos Ingresos (LIS). Este programa ayuda a pagar los costos de medicamentos recetados de Medicare, como primas, deducibles y coaseguro. Si califica para la Ayuda Adicional es posible que no pague más que una pequeña cantidad por sus medicamentos recetados cubiertos.

Para calificar automáticamente para la Ayuda adicional, debe cumplir con los siguientes requisitos:

1. Tener la Parte A y la Parte B de Medicare: para calificar para la Ayuda Adicional, debe tener la Parte A y la Parte B de Medicare.

2. Cumplir con los límites de ingresos y activos: para calificar para la Ayuda Adicional debe cumplir con los límites de ingresos y activos establecidos por la Administración del Seguro Social (SSA). En el 2021, el límite de ingresos establecidos es de $19,320 para individuos y $26,130 para parejas casadas que viven juntas. El límite de activos es de $14,790 para individuos y $29,520 para parejas casadas.

3. Residir en uno de los 50 estados o el Distrito de Columbia: debe ser ciudadano estadounidense o inmigrante legalmente presente y residir en uno de los 50 estados o el Distrito de Columbia para calificar para la Ayuda Adicional.

4. No tener una cobertura acreditable de medicamentos recetados: no puede estar inscrito en un plan de medicamentos recetados de Medicare o en un plan Medicare Advantage que incluya una cobertura de

medicamentos recetados que sea al menos tan buena como la cobertura estándar de Medicare.

Si cumple con los requisitos para la calificación automática, recibirá un aviso de la Administración del Seguro Social que indica que se le ha considerado elegible para la Ayuda Adicional. Se le inscribirá automáticamente en un plan de medicamentos recetados de Medicare elegido por la SSA a menos que elija inscribirse en un plan diferente.

Es importante tener en cuenta que la calificación automática para la Ayuda Adicional se basa en la información más reciente disponible para la Administración del Seguro Social. Si sus ingresos o activos cambian o si pierde su cobertura acreditable de medicamentos recetados, es posible que ya no califique para la Ayuda Adicional automática. Debe comunicarse con la Administración del Seguro Social si su elegibilidad ha cambiado.

En resumen, puede calificar automáticamente para la Ayuda Adicional para pagar los costos de sus medicamentos recetados de Medicare si tiene ingresos y recursos limitados. Para calificar debe de tener la Parte A y la Parte B de Medicare, cumplir con los límites de ingresos y activos, residir en uno de los 50 estados o el Distrito de Columbia y no tener una cobertura acreditable de medicamentos recetados. Si cumple con los requisitos, recibirá un aviso de la Administración del Seguro Social y será inscrito en un plan de medicamentos recetados de Medicare.

El costo real de no inscribirse en un plan de medicamentos recetados de Medicare

No unirse a un plan de medicamentos de Medicare puede tener consecuencias graves. Los medicamentos recetados pueden ser muy caros y el costo puede volverse abrumador rápidamente sin cobertura de seguro. Sin embargo, hay algunas situaciones en las que es aceptable no inscribirse en un plan de medicamentos de Medicare.

Es posible que no necesite inscribirse en un plan de medicamentos de Medicare si tiene otra cobertura acreditable de medicamentos recetados. La cobertura acreditable es una cobertura de seguro que es tan buena o mejor que la cobertura estándar de la Parte D de Medicare. Deberá proporcionar alguna prueba de su cobertura acreditable a Medicare y, si efectivamente se considera que este es el caso, puede retrasar el registro en un plan de medicamentos de Medicare sin penalización. Los ejemplos de cobertura acreditable incluyen el seguro patrocinado por el empleador, TRICARE y cobertura VA.

Si no tiene una cobertura acreditable deberá inscribirse en un plan de medicamentos de Medicare durante su Período de Inscripción Inicial (IEP por sus siglas en inglés). Su IEP es el período de siete meses que comienza tres meses antes del mes de su cumpleaños número 65 y finaliza tres meses después del mes de su cumpleaños. Si no cumple con su IEP, puede inscribirse en un plan de medicamentos de Medicare durante el Período de inscripción anual (AEP), que se extiende del 15 de octubre al 7 de diciembre de cada año. También puede calificar para un Período de inscripción especial (SEP) si experimenta un evento de vida calificado, como perder la cobertura acreditable, mudarse fuera del área de servicio de su plan o calificar para recibir ayuda adicional.

Si elige no inscribirse en un plan de medicamentos de Medicare y no tiene cobertura acreditable, estará sujeto a una multa por inscripción tardía. La multa es del 1% de la prima base nacional del beneficiario por cada mes que pase sin cobertura. La multa se agrega a su prima mensual si tiene cobertura de medicamentos de Medicare. La prima de beneficiario base nacional la establece Medicare cada año y actualmente es de $33.06. Si no tiene cobertura durante seis meses, su prima mensual será $1.98 más alta que la de alguien que se inscribió durante su IEP o AEP.

No inscribirse en un plan de medicamentos de Medicare es una decisión seria y es esencial sopesar cuidadosamente los pros y los contras. Si bien puede ahorrarle dinero a corto plazo, pagar de su bolsillo los medicamentos recetados podría ser mucho más alto a largo plazo. Lo mejor es hablar con un agente de seguros autorizado o un proveedor de atención médica para determinar el mejor curso de acción para su situación particular.

Desbloqueando los beneficios de la Seguridad de Ingreso Suplementario (SSI)

Es un programa federal que brinda asistencia en efectivo a personas con ingresos y recursos limitados. El programa es administrado por la Administración del Seguro Social (SSA). Está diseñado para proporcionar un nivel básico de ingresos para personas mayores, individuos con discapacidades y otras personas que no pueden mantenerse económicamente.

Elegibilidad para SSI

Debe cumplir con ciertos requisitos de ingresos y recursos para ser elegible para SSI. Los requisitos de ingresos varían según su situación de vivienda y otros factores, pero en general, sus ingresos no pueden exceder una cierta cantidad cada mes. Sus recursos, incluidos los ahorros y la propiedad, también deben estar por debajo de cierto límite.

Además de los requisitos de ingresos y recursos, también debe ser ciudadano estadounidense o residente legal y debe tener 65 años de edad o más, tener una discapacidad o ser ciego.

Aplicando para SSI

Para solicitar SSI, visite su oficina local del Seguro Social o aplique en línea en el sitio web de SSA. Deberá proporcionar información personal como su nombre, número de Seguro Social, fecha de nacimiento y dirección. También debe proporcionar información sobre sus ingresos, recursos y condición médica.

La SSA también pueden solicitar documentación adicional para verificar su elegibilidad como registros médicos, declaraciones de impuestos y estados de cuenta bancarios.

Beneficios del SSI

Si se le aprueba para SSI, recibirá un beneficio mensual en efectivo para ayudar a cubrir los gastos básicos de subsistencia, como alimentos, vivienda y ropa. El monto del beneficio varía según sus ingresos y su situación de vida, pero generalmente es suficiente para proporcionar un nivel básico de apoyo.

Además del beneficio en efectivo, los beneficiarios de SSI también son elegibles para Medicaid, que puede ayudar a cubrir el costo de la atención médica, las recetas y otros gastos relacionados con la salud. Esto puede ser particularmente beneficioso para las personas con discapacidades o condiciones de salud crónicas.

Conclusión

La Seguridad de Ingreso Suplementario es un programa federal que brinda asistencia en efectivo a personas con ingresos y recursos limitados. Si es elegible para SSI, puede recibir un beneficio en efectivo mensual para ayudar a cubrir los gastos básicos de subsistencia y acceso a Medicaid para ayudar a cubrir el costo de la atención médica. Si tiene dificultades financieras, SSI puede brindarle el apoyo que necesita para recuperarse.

Explorando la asistencia de medicamentos recetados proporcionada por el estado

Los Programas Estatales de Asistencia Farmacéutica (SPAP) ayudan a los beneficiarios de Medicare a pagar los medicamentos recetados. Los SPAP están a cargo de los estados y ofrecen diferentes tipos de asistencia a los beneficiarios elegibles, incluidos medicamentos de bajo costo, asistencia para copagos y deducibles.

Los SPAP de cada estado son diferentes, pero todos tienen una cosa en común: están diseñados para ayudar a las personas con ingresos y recursos limitados. En general, los SPAP están disponibles para las personas inscritas en la Parte D de Medicare, que es la cobertura de medicamentos recetados proporcionada por Medicare.

Los SPAP pueden ayudar de diferentes maneras, como pagando parte o la totalidad del costo de una receta o reduciendo los copagos o deducibles. El tipo específico de asistencia disponible dependerá del programa y del estado.

La elegibilidad para un SPAP dependerá de los ingresos y recursos de la persona. El programa puede tener diferentes límites de ingresos y límites de activos, y algunos programas también pueden tener requisitos de edad o salud.

Para determinar si es elegible para un SPAP, debe comunicarse con la oficina de Medicaid de su estado o con el Departamento de Envejecimiento de su estado. Ellos pueden brindarle información sobre el programa SPAP en su estado y ayudarlo a solicitar asistencia.

Una vez que esté inscrito en un SPAP, deberá proporcionar información sobre su cobertura de la Parte D de Medicare, como el plan en el que está inscrito y los medicamentos que está tomando. Esta información ayudará al programa a determinar la mejor manera de ayudar.

Es importante tener en cuenta que no todos los estados tienen un programa SPAP, e incluso si su estado tiene un programa, puede haber fondos limitados disponibles. Esto significa que algunas personas pueden necesitar ayuda para obtener la asistencia que necesitan.

Si tiene dificultades para pagar sus medicamentos recetados, un SPAP puede ayudarlo. Comuníquese con la oficina de

Medicaid de su estado o con el Departamento de Envejecimiento para obtener más información sobre el programa SPAP de su estado y cómo presentar una solicitud.

CAPÍTULO 10:

No revisar su cobertura actual de Medicare durante el Periodo de Inscripción Anual

El Período de inscripción anual (AEP) es un período durante el cual los beneficiarios de Medicare pueden realizar cambios en su cobertura. Por lo general, va del 15 de octubre al 7 de diciembre de cada año. Este es el momento en que puede inscribirse en un nuevo plan Medicare Advantage, cambiar a un plan Medicare Advantage diferente, cambiar de Medicare Original a Medicare Advantage o viceversa o cambiar su plan de medicamentos recetados de la Parte D.

Durante el AEP usted puede revisar su cobertura y hacer los cambios necesarios. También puede agregar o cancelar la cobertura de medicamentos recetados. Es importante aprovechar esta oportunidad porque una vez que termine el AEP, no podrá hacer ningún cambio hasta el próximo AEP, a menos que califique para un Período de inscripción especial (SEP).

Si decide realizar cambios durante el AEP, la nueva cobertura entrará en vigencia el 1 de enero del año siguiente. Es esencial recordar que cualquier cambio que realice durante el AEP será permanente durante todo el año, a menos que califique para un SEP.

Es importante revisar su cobertura cada año durante el AEP, incluso si está satisfecho con su plan actual. Los planes pueden cambiar cada año y es posible que lo que estaba cubierto el año pasado no esté cubierto este año. Además, sus necesidades de salud pueden haber cambiado y es posible que necesite una cobertura diferente a la que necesitaba en el año anterior.

Una cosa a tener en cuenta es que, si no realiza ningún cambio durante el AEP, se le volverá a inscribir automáticamente en su plan actual. Esto puede ser conveniente si está satisfecho con su cobertura reciente, pero sigue siendo una buena idea revisar sus opciones y asegurarse de obtener la mejor cobertura para sus necesidades.

El AEP es un momento importante para revisar su cobertura de Medicare y hacer los cambios necesarios para asegurarse de obtener la cobertura que necesita a un precio que pueda pagar. Sólo deje pasar el AEP revisando su cobertura y haciendo los cambios necesarios.

Aproveche al máximo su tiempo al obtener una vista previa de los planes Medicare Advantage

Como beneficiario de Medicare, tiene la oportunidad anual de cambiarse a un nuevo plan Medicare Advantage o realizar otros cambios en su cobertura. Esta oportunidad se presenta anualmente durante el Período de inscripción anual (AEP), que se extiende desde el 15 de octubre hasta el 7 de diciembre.

Durante este tiempo, puede revisar los diferentes planes Medicare Advantage de su área y seleccionar uno que se ajuste a sus necesidades y presupuesto de atención médica. Estos son algunos consejos para ayudarlo a obtener una vista previa de los planes Medicare Advantage:

1. Determine sus necesidades y presupuesto

Antes de obtener una vista previa de los planes Medicare Advantage, es esencial determinar sus necesidades de atención médica y su presupuesto. Considere las siguientes preguntas:

- ¿Tiene alguna condición de salud crónica que requiera atención especializada?
- ¿Necesita cobertura de medicamentos recetados?
- ¿Con qué frecuencia visita a un médico?

- ¿Cuánto puede pagar en primas, deducibles y copagos?

Responder estas preguntas puede evaluar mejor qué plan Medicare Advantage funcionará mejor para usted.

2. Visite el Buscador de planes de Medicare

El Buscador de planes de Medicare es una herramienta en línea proporcionada por Medicare que puede ayudarlo a comparar diferentes planes de Medicare Advantage disponibles en su área. Esta herramienta brinda información sobre los diferentes tipos de planes Medicare Advantage, sus beneficios, costos y calificaciones de estrellas. También puede usar el Buscador de planes para buscar planes que cubran sus medicamentos recetados específicos.

3. Revise los diferentes tipos de planes Medicare Advantage

Hay varios tipos diferentes de planes Medicare Advantage, que incluyen Organizaciones de mantenimiento de la salud (HMO), Organizaciones de proveedores preferidos (PPO), Planes privados de pago por servicio (PFFS) y Planes para necesidades especiales (SNP). Cada tipo de plan tiene su red de médicos y hospitales, reglas para recibir atención y costos. Revisar los diferentes tipos de planes puede ayudarlo a determinar qué tipo de plan es el adecuado para usted.

4. Compara los costos y beneficios de cada plan

Una vez que haya reducido sus opciones a unos pocos planes Medicare Advantage, es hora de comparar los costos y beneficios de cada plan. Mire las primas mensuales, los deducibles, los copagos y el coaseguro de cada plan. Además, revise los beneficios importantes para usted, como la cobertura de medicamentos recetados, los beneficios dentales y de la vista, y otros beneficios adicionales.

5. Verifique las calificaciones de estrellas

Cada plan Medicare Advantage se clasifica en una escala de 1 a 5 estrellas según su calidad y rendimiento. Puede encontrar estas calificaciones de estrellas en el Buscador de planes de Medicare o en el sitio web de Medicare. Los planes con calificaciones de estrellas más altas pueden ofrecer atención y servicio al cliente de mejor calidad.

6. Obtenga ayuda si la necesita

Si tiene problemas para obtener una vista previa de los planes Medicare Advantage o para seleccionar el adecuado, hay recursos disponibles para ayudarlo. Puede hablar con un representante de Medicare llamando al 1-800-MEDICARE u obtener asesoramiento gratuito a través de su Programa Estatal de Asistencia con el Seguro Médico (SHIP).

En conclusión, el Período de inscripción anual es un buen momento para revisar los planes de Medicare Advantage y cambiar su cobertura. Siguiendo estos consejos, puede encontrar un plan que satisfaga sus necesidades de atención médica y se ajuste a su presupuesto.

Tomar el control de su atención médica: hacer cambios inteligentes durante la inscripción abierta

El Período de Inscripción Anual (AEP) es crucial para los beneficiarios de Medicare. Es la única época del año en la que se pueden realizar cambios en los planes Medicare Advantage y Parte D. Este período es del 15 de octubre al 7 de diciembre de cada año.

Durante este tiempo, los beneficiarios pueden realizar una variedad de cambios en su cobertura actual. Estos incluyen cambiar de Medicare Original a Medicare Advantage, cambiar de un plan Medicare Advantage a otro o inscribirse en un plan de medicamentos recetados de la Parte D.

Una cosa importante a tener en cuenta es que los cambios realizados durante este período entrarán en vigencia el 1 de enero del año siguiente. Es esencial considerar cuidadosamente cualquier cambio que desee realizar durante este tiempo para asegurarse de tener la cobertura que necesita cuando comience el nuevo año.

El AEP también es un buen momento para revisar su cobertura actual y asegurarse de que aún satisfaga sus necesidades. Considere su estado de salud actual y cualquier necesidad médica futura. Considere cambios en sus necesidades actuales de medicamentos recetados.

Una cosa importante a tener en cuenta es que no es necesario que actúe si está satisfecho con su cobertura actual y desea evitar hacer cambios. Su cobertura continuará tal como está y no es necesario volver a inscribirse.

Es fundamental aprovechar el AEP cada año para asegurarse de tener la cobertura que necesita. Al revisar sus opciones y hacer los cambios necesarios, puede asegurarse de obtener la mejor cobertura al mejor precio. Así que asegúrese de marcar su calendario cada año y tómese el tiempo para revisar sus opciones durante el AEP.

¿Por qué es esencial revisar su cobertura de medicamentos recetados de Medicare todos los años?

Con respecto a Medicare, es fundamental revisar anualmente su plan de medicamentos recetados. Esto se debe a que los planes de medicamentos pueden cambiar de un año a otro, lo que puede afectar cuánto paga por sus recetas. El Período de inscripción anual (AEP) es cuando puede revisar su Medicare Advantage y la cobertura de medicamentos recetados, y hacer cambios si es necesario.

Durante AEP, puede cambiar de Medicare Original a un plan Medicare Advantage, de un plan Medicare Advantage a otro, o de un plan de medicamentos recetados a otro. También puede agregar o cancelar la cobertura de medicamentos, o cambiar su cobertura a un plan con diferentes costos de medicamentos.

Una de las razones más importantes para revisar su plan de medicamentos recetados son los cambios en los formularios de medicamentos. Un formulario es una lista de medicamentos que cubre un plan y puede cambiar de un año a otro. Si su plan ya no cubre un medicamento que toma, o si pasa a un nivel más alto, es posible que termine pagando más por su medicamento. Es fundamental revisar el formulario de su plan para asegurarse de que todos los medicamentos que toma estén cubiertos y verificar si existen restricciones o requisitos, como la autorización previa.

Otra razón para revisar su plan de medicamentos recetados es asegurarse de obtener la mejor oferta. Las primas del plan, los deducibles y los copagos pueden cambiar de un año a otro, y es fundamental comparar los costos para asegurarse de obtener el mejor valor. Un plan diferente ofrece la misma cobertura a un precio más bajo, lo que podría ahorrarle dinero.

Durante AEP, también tiene la oportunidad de revisar su plan Medicare Advantage. Si actualmente está inscrito en un plan Medicare Advantage, es importante revisar los beneficios y costos del plan para asegurarse de que aún satisfaga sus necesidades. Puede verificar si sus médicos y hospitales preferidos todavía están en la red del plan y revisar los copagos y deducibles del plan para asegurarse de que se ajusten a su presupuesto.

Es esencial revisar sus planes de Medicare Advantage y de medicamentos recetados todos los años durante el Período de inscripción anual. Esto puede ayudar a garantizar que tenga la cobertura que necesita a un precio que puede pagar. Al revisar su plan, puede ahorrar dinero en sus recetas o puede obtener más beneficios por el mismo precio. Asegúrese de comenzar a revisar su plan lo antes posible para que pueda hacer cambios rápidamente.

La primicia interna sobre los beneficios adicionales de la compañía de seguros de Medicare

Los planes Medicare Advantage (MA) son planes de atención médica ofrecidos por compañías de seguros privadas que brindan beneficios de Medicare a las personas. Las compañías de seguros están obligadas a brindar los mismos beneficios que el Medicare Original, pero también pueden brindar beneficios adicionales que no están disponibles en el Medicare Original. Las compañías de seguros pueden ofrecer otros beneficios porque reciben fondos adicionales del gobierno federal. Esta financiación adicional se utiliza para proporcionar beneficios extras, como cobertura dental, de la vista y auditiva, programas de acondicionamiento físico, servicios de transporte y más.

Las compañías de seguros también pueden beneficiar a los miembros del plan MA al ofrecer programas de control de enfermedades. Estos programas están diseñados para ayudar a las personas a manejar condiciones crónicas, como diabetes o enfermedades cardíacas, y pueden incluir el control de medicamentos, orientación sobre el estilo de vida y planes de atención personalizados.

Otra forma en que las compañías de seguros pueden brindar beneficios adicionales a los miembros del plan MA es ofreciendo servicios de coordinación de atención. Esto puede incluir la asignación de un coordinador de atención a cada miembro para ayudarlo a administrar sus necesidades de atención médica, brindar acceso a servicios de telemedicina y ofrecer programas de educación para la salud.

Para recibir beneficios adicionales de un plan MA, las personas deben inscribirse en un plan que ofrezca estos beneficios. Es importante tener en cuenta que no todos los planes MA ofrecen los mismos beneficios, por lo que es fundamental revisar cuidadosamente los beneficios que brinda cada plan antes de inscribirse.

También es importante tener en cuenta que los beneficios adicionales que ofrecen los planes MA pueden cambiar anualmente. Las compañías de seguros deben informar a los miembros de cualquier cambio en sus planes. Sin embargo, revisar la información del plan cada año durante el Período de inscripción anual sigue siendo esencial para garantizar que satisfaga las necesidades de una persona.

En resumen, las compañías de seguros pueden beneficiar a los miembros del plan Medicare Advantage al ofrecer beneficios adicionales que no están disponibles en Original Medicare, costos de bolsillo más bajos, programas de control de enfermedades, servicios de coordinación de atención y más. Es importante revisar cuidadosamente la información del plan cada año durante el Período de inscripción anual para asegurarse de que satisfaga las necesidades de la persona.

¿Qué ha cambiado? Una mirada a la actualización del Resumen anual de beneficios

Con respecto a la cobertura de Medicare, es esencial mantenerse informado sobre sus beneficios y opciones. Una forma de hacerlo es revisando el resumen de beneficios que proporciona su plan cada año durante el Período de inscripción anual.

El Resumen de beneficios es un documento que describe las características clave de su plan de Medicare, incluidos los costos, los beneficios y las reglas asociadas. La ley exige que este documento se entregue a todos los beneficiarios de Medicare y está diseñado para ayudarlo a comparar diferentes planes y tomar decisiones informadas sobre su cobertura de atención médica.

Hay algunas razones clave por las que es esencial revisar el Resumen de beneficios de su plan cada año:

1. Cambios en su plan: los planes de Medicare pueden cambiar de un año a otro y es esencial estar al tanto de cualquier actualización o modificación que pueda afectar su cobertura. Por ejemplo, su plan puede haber cambiado su formulario de medicamentos o alterado los requisitos de costos compartidos para ciertos servicios.

2. Cambios en sus necesidades de salud: sus necesidades de atención de la salud pueden cambiar cada año y es crucial asegurarse de que su cobertura de Medicare siga satisfaciendo esas necesidades. Si tiene nuevas condiciones de salud o está tomando nuevos medicamentos, es posible que deba ajustar su cobertura en consecuencia.

3. Ahorro de costos: al revisar el Resumen de beneficios de su plan, puede identificar las áreas en las que puede ahorrar dinero. Por ejemplo, puede cambiarse a un plan con copagos más bajos y que

ofrezca beneficios adicionales que son importantes para usted.

4. Evitar sanciones: si no revisa el Resumen de beneficios de su plan y realiza cambios durante el Período de inscripción anual, puede estar sujeto a sanciones o restricciones en su cobertura. Por ejemplo, si no se inscribe en un plan de la Parte D cuando es elegible por primera vez para Medicare, puede estar sujeto a una multa por inscripción tardía si decide inscribirse más tarde.

Al revisar el Resumen de beneficios de su plan, hay algunas cosas clave que debe buscar. Primero, asegúrese de comprender los costos asociados con su plan, incluidas las primas, los deducibles y los copagos. También debe revisar los beneficios incluidos en sus planes, como hospitalización, visitas al médico y cobertura de medicamentos recetados. Además, busque cualquier característica o beneficio especial que sea importante para usted, como programas de bienestar o cobertura de la vista.

En conclusión, revisar el Resumen de Beneficios de su plan cada año es esencial para mantener su cobertura de Medicare. Al mantenerse informado sobre los cambios en su plan y sus necesidades de atención médica, puede asegurarse de aprovechar al máximo su cobertura y evitar sanciones o restricciones. Así que tómese el tiempo para revisar el Resumen de Beneficios de su plan durante el Período de Inscripción Anual. No dude en comunicarse con el proveedor de su plan si tiene alguna pregunta o inquietud.

Los beneficios de comprender el Resumen de beneficios y la Evidencia de cobertura de su plan de Medicare

Al elegir el plan de Medicare adecuado para sus necesidades, debe tener toda la información que necesita para tomar una decisión informada. Uno de los documentos más importantes para revisar cada año es el Resumen de Beneficios y Evidencia de Cobertura.

Estos documentos brindan una descripción general de los beneficios y costos asociados con cada plan de Medicare, incluidos los planes Medicare Advantage, los planes de medicamentos recetados de Medicare y los planes complementarios de Medicare. Esto es lo que necesita saber para acceder a estos documentos cruciales.

Resumen de beneficios: su clave para tomar decisiones informadas sobre Medicare

Un resumen de beneficios es un documento que proporciona una descripción general de alto nivel de los beneficios y costos asociados con un plan de Medicare específico. Incluye detalles sobre lo que cubre el plan, cuánto puede esperar pagar en primas y deducibles, y sus copagos y costos de coaseguro.

Este documento está diseñado para que sea más fácil comparar diferentes planes de Medicare uno al lado del otro, para que pueda determinar qué plan se adapta mejor a sus necesidades y presupuesto.

No se pierda en Medicare: Infórmese sobre su Evidencia de Cobertura

La Evidencia de Cobertura es un documento más detallado que proporciona una descripción completa de un plan de Medicare específico. Incluye todos los detalles que necesita saber sobre el plan, incluidas las reglas y restricciones, cómo presentar un reclamo y sus derechos y responsabilidades.

Este documento es un contrato legal entre usted y la compañía de seguros que brinda su cobertura de Medicare. Es esencial revisarlo detenidamente cada año para asegurarse de que comprende cómo funciona su cobertura y lo que es responsable de pagar.

Cómo acceder a su Resumen de beneficios y Evidencia de cobertura

Hay algunas formas diferentes de acceder a su Resumen de Beneficios y Evidencia de Cobertura:

1. En línea: muchas compañías de seguros brindan acceso a estos documentos en línea a través de su portal para miembros. Para acceder a los documentos de su plan, normalmente deberá iniciar sesión en su cuenta y navegar a la sección "Documentos del plan" o "Información de cobertura".

2. Por correo: si prefiere recibir una copia impresa de sus documentos, normalmente puede solicitarlos a su compañía de seguros. Para solicitar los documentos, debe proporcionar su nombre, dirección e información del plan.

3. Por teléfono: algunas compañías de seguros también brindan acceso a los documentos del plan por teléfono. Por lo general, puede llamar al número de

servicio al cliente que figura en el reverso de su tarjeta de seguro para solicitar su Resumen de beneficios y Evidencia de cobertura.

¿Por qué es importante revisar sus documentos anualmente?

Revisar su Resumen de Beneficios y Evidencia de Cobertura cada año es esencial para administrar su cobertura de Medicare. Este es el por qué:

1. Cambios en los beneficios: los planes de Medicare pueden cambiar sus beneficios anualmente, lo que afecta su cobertura y costos. Revisar sus documentos anualmente puede ayudarlo a mantenerse actualizado sobre cualquier cambio que se haya realizado.

2. Cambios en los costos: además de los cambios en los beneficios, los planes de Medicare también pueden cambiar sus primas, deducibles y otros costos cada

año. Revisar sus documentos puede ayudarlo a comprender cuánto deberá pagar por su cobertura.

3. Reevaluar sus necesidades: sus necesidades de atención médica pueden cambiar cada año, lo que afectará el plan de Medicare que mejor se adapte a sus necesidades. Revisar sus documentos puede ayudarlo a determinar si su plan actual aún satisface sus necesidades o si es hora de considerar otras opciones.

4. Evitar costos inesperados: la revisión de sus documentos puede ayudar a evitar costos inesperados o interrupciones en la cobertura. Al comprender lo que cubre su plan y lo que es responsable de pagar, puede tomar decisiones de atención médica más informadas y evitar facturas inesperadas.

En conclusión, acceder y revisar su Resumen de beneficios y Evidencia de cobertura es fundamental para administrar su cobertura de Medicare. Al comprender sus beneficios y costos, puede tomar decisiones de atención médica más informadas y asegurarse de que su cobertura satisfaga sus necesidades y su presupuesto.

CONCLUSIÓN

A medida que se acerca a sus años de jubilación, la comprensión de sus opciones de atención médica se vuelve cada vez más importante. Medicare es un programa diseñado para ayudar a las personas mayores e individuos con discapacidades para recibir la atención médica que necesitan. El programa existe desde 1965 y brinda cobertura para una amplia gama de gastos médicos.

Hay tres opciones principales para la cobertura de Medicare: Medicare Original, Medigap y Medicare Advantage. Cada opción tiene sus propias ventajas y desventajas. Es importante considerar cuidadosamente sus opciones antes de tomar una decisión.

Medicare Original consta de la Parte A, que cubre la atención hospitalaria, y la Parte B, que cubre los servicios médicos. Para mejorar su cobertura, puede comprar una póliza Medigap. Si bien Medicare Original ofrece mucha flexibilidad para elegir proveedores, no cubre todos los costos de atención médica, lo que deja a muchas personas pagando de su bolsillo.

Medigap, también conocido como seguro complementario de Medicare, es una póliza de seguro privada que se puede comprar para llenar los vacíos de cobertura que deja el Medicare tradicional. Estas brechas pueden incluir elementos como copagos, coaseguros y deducibles que no están cubiertos por Medicare tradicional.

Hay diez planes Medigap estandarizados disponibles, cada uno etiquetado con una letra (de la A a la N) y cada uno con diferentes niveles de cobertura. Debido a que los planes están estandarizados, puede compararlos fácilmente y estar seguro de que cada plan con la misma letra tiene la misma cobertura, sin importar qué compañía de seguros lo ofrezca.

El mejor momento para inscribirse en Medigap es durante su Período de Inscripción Abierta de Medigap, que es una ventana de seis meses que comienza el mes en que cumple 65 años y esté inscrito en la Parte B. Durante este período, las compañías de seguros no pueden usar su estado de salud para negarle cobertura o cobrarle una prima más alta.

Medicare Advantage, por otro lado, brinda la misma cobertura que Medicare Original, pero con beneficios adicionales, como atención oftalmológica y dental. Estos planes a menudo tienen costos de bolsillo más bajos y brindan atención coordinada a través de una red de proveedores.

Al elegir un plan Medicare Advantage, es importante tener en cuenta las primas, los costos compartidos y los beneficios del plan, así como los requisitos de la red. Además, es importante tener en cuenta los tipos de planes, los requisitos de elegibilidad y la cobertura de medicamentos recetados.

También hay Planes para Necesidades Especiales disponibles para personas con condiciones de salud específicas, así como programas para ayudar a individuos con bajos ingresos, incluida la Ayuda Adicional con los costos de medicamentos recetados y los Programas de Ahorros de Medicare.

Durante el Período de inscripción anual, tiene la oportunidad de revisar y realizar cambios en su cobertura de Medicare. Es importante aprovechar este tiempo para asegurarse de que su cobertura aún satisfaga sus necesidades y para acceder al Resumen de Beneficios y Evidencia de Cobertura para su plan.

Comprender su cobertura de Medicare puede ser complicado, pero con una cuidadosa consideración e investigación, puede elegir la mejor cobertura para sus necesidades. Como siempre, es importante consultar con un agente de seguros autorizado o un representante de Medicare para asegurarse de que comprende completamente sus opciones y cobertura.

INDEX

ACERCA DEL AUTOR

Al Kushner es un orador tanto corporativo como individual sobre Medicare. Al especializarse en planes de Medicare, se ha destacado como capacitador, consultor y autor en temas relacionados con Medicare. Actualmente representa a operadores nacionales y regionales. Ofrece a sus clientes un menú completo de planes y trabaja con empresas nacionales siendo licenciado en la mayoría de los estados. Su agencia es una ventanilla única para los clientes y asigna agentes de ventas expertos para manejar sus inquietudes sobre Medicare.

Su firma ahora ayuda a cerca de 5000 clientes cada año. A través de sus 35 años de conocimiento en el campo de Medicare, construyó su negocio sobre esta experiencia y la capacidad de simplificar Medicare para individuos y empresas. Ha alcanzado la excelencia en la comunidad de corredores de Medicare con una pasión por ayudar a las personas mayores que trabajan arduamente a conservar más de lo que han trabajado toda su vida para ahorrar. Para comunicarse con Al directamente:

Info@RealEasyMedicare.com o llame al 888-810-9725. Únase a su grupo de Facebook en Real Easy Medicare – Q&A Group.

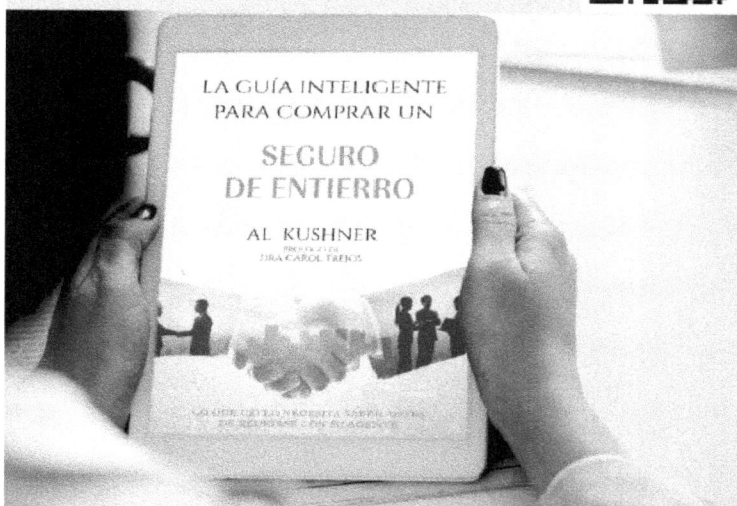

www.ingramcontent.com/pod-product-compliance
Lightning Source LLC
Chambersburg PA
CBHW052028030426
42337CB00027B/4916